TAO

BOOKS on DEMAND

**Wir alle sind TAO,
die Seele,
der „Göttliche Funke",
das Geistige Wesen,
die „Person selbst",
das „Ich bin".**

Günter Skwara

T A O

Ein Lebenskonzept

Bibliografische Information der Deutschen Nationalbibliothek:
Die Deutsche Nationalbibliothek verzeichnet diese Publikation in der Deutschen Nationalbibliografie; detaillierte bibliografische Daten sind im Internet über http://dnb.dnb.de abrufbar.

Herstellung und Verlag:

BoD – Books on Demand, Norderstedt

*ISBN: **978-3-7528-1319-7***

Inhaltsverzeichnis

Werte Freundin, werter Freund,

In diesem Büchlein findet Ihr eine Botschaft der Druiden des TAO für alle Menschen guten Willens.

Die Druiden des TAO sind Abkömmlinge der Weisen von Atalant, die dafür Sorge tragen durften, dass das Volk der Atalanter in Frieden und Eintracht leben konnten.

Sie hielten ihre Schutzbefohlenen von den Anfeindungen weitgehend fern, die ihnen die Konföderation der Kabarer entgegen brachte. Die Kabarer wollten nämlich Atalant ihre bürokratisch diktatorische Lebensweise aufzwingen.

Den Druiden des TAO standen glücklicherweise jene Mächte bei, die als freie Wesenheiten den Einflussmöglichkeiten der Konföderation nicht ausgeliefert waren. Solche Geistwesen unterstützen auch uns Menschen, wenn wir sie im Glauben anrufen.

Atalant ist ein Planetensystem in der Galaxis, die von den Menschen des Planeten Erde als Milchstraße bezeichnet wird.

Nach dem großen Exodus einer Vielzahl von Atalantern, der mehr oder vielmehr weniger freiwilligen Auswanderung vom Atalant-System, gelangten die dortigen Menschwesen in das System der Sonne Sol. Sie waren auf der Suche nach einer neuen Heimat.

Eigentlich hatten sie die Galaxis verlassen wollen. Das Sol-System wäre dafür hervorragend geeignet gewesen. Schließlich ist hier ein Ausfalltor, sowie ein Zugang, zum Sprung ins Nirgendwo.

Die Atalanter beschlossen – unglücklicherweise, wie sie sehr viel später erfahren sollten – auf dem Planeten Erde zu bleiben. Im Einvernehmen mit den Anunnaki siedelten sie sich auf einem Inselkontinent an. Ihr Siedlungsort erhielt den Namen „Atlantis". Dies bedeutet soviel wie: Klein Atalant.

Daoismus oder TAO

Der Daoismus (die „Lehre des Weges"), auch Tao-ismus, ist eine chinesische Philosophie, wenn nicht sogar eine Religion. Der Daoismus wird authentisch für China angesehen.

Seine historisch gesicherten Ursprünge liegen im 4ten Jahrhundert v. Chr., als das Daodejing (oder Tao te king, Tao te ching) des Laozi (oder Laotse, Lao-tzu) entstand.

Das Wort „Daoismus" leitet sich ab von Dao (Tao), einem Begriff der chinesischen Philosophie, der bereits vor dem Daodejing verwendet wurde, aber erst in dessen Text seine zentrale Stellung und besondere, universale Bedeutung erhielt.

„Dao" bedeutete ursprünglich „Weg", im klassischen Chinesisch aber bereits „Methode", „Prinzip" oder „der rechte Weg".

Neben dem Konfuzianismus und dem Buddhismus ist der Daoismus eine der drei Lehren, durch die China maßgeblich geprägt wurde.

Auch über China hinaus haben die drei Lehren wesentlichen Einfluss auf Religion und Geisteswelt der Menschen ausgeübt.

In China beeinflusste der Daoismus die Kultur sowohl in den Bereichen: Politik, Wirtschaft, Philosophie, Literatur, Kunst, Musik, Ernährungskunde, Medizin, Chemie, Kampfkunst als auch der Geographie.

Wann genau die daoistische Lehre entstanden ist, bleibt unklar. Der Daoismus hat in einem langen Entwicklungsprozess eine Form angenommen. Dabei sind fortlaufend Strömungen anderer Religionsarten integriert worden.

Mit der daoistischen Lehre wird Gedankengut aufgegriffen, das in China zur Zeit der Zhou-Dynastie (1040 bis 256 v. Chr.) weit verbreitet war.

Dazu gehören die kosmologischen Vorstellungen von Himmel und Erde, die Fünf Wandlungsphasen (Fünf-Elemente-Lehre: Holz, Feuer, Metall, Wasser und Erde), die Lehre vom Qi (Energie), von Yin und Yang (der Polaritäten im Universum) und über das Yijing (I Ging).

Das I Ging, das „Buch der Wandlungen", ist eine Sammlung von Strichzeichen und von zugeordneten Sprüchen. Es ist der älteste der klassischen chinesischen Texte.

Mit der ebenfalls traditionellen Körper- und Geisteskultivierung, mittels der Atemkontrolle und Bewegungstechniken wie Taijiquan (Tai Chi Chuan) und Qi-gong sowie anderen Meditationen, Visualisierungen und Imagination, Alchemie und magischen Techniken sollte Unsterblichkeit erreicht werden.

Die Suche nach Unsterblichkeit ist ein zentrales Thema des Daoismus. Sie geht wahrscheinlich auf sehr alte Glaubensinhalte zurück.

Das höchste Ziel des religiösen Daoismus ist die ewige Glückseligkeit als Xian (Unsterblicher).

Wobei Unsterblichkeit nicht zwangsläufig physisch betrachtet wird, sondern auch als Unsterblichkeit nach einem Tod zu verstehen ist.

Bereits im Zhuangzi, einem daoistischen Klassiker aus dem 4. Jahrhundert vor Christus, werden die Xian erwähnt, die Unsterblichen, deren wichtigste Vertreter Huang Di, der gelbe Kaiser, und Xiwangmu, die Königinmutter des Westens, sind.

Es handelt sich dabei um Gestalten, die möglicherweise schon in der Shang-Zeit im 2. Jahrtausend v. Chr. existiert haben.

Viele der Schulen des Daoismus strebten nach dieser Unsterblichkeit. Sie sind wahrscheinlich aus schamanistischen Techniken und aus Unsterblichkeitskulten entstanden (wie bei Fangshi und Wuismus), die während der Han-Zeit mit der philosophischen Richtung des Daoismus verbunden wurden.

Der religiöse Daoist strebt nach Erleuchtung und danach Dao zu verwirklichen, durch unterschiedliche Methoden der Meditationen (zum Beispiel bei Qigong oder Taijiquan), durch spirituelle Rituale mit Visualisierungen, Imaginationen und Atemtechniken, sowie durch Alchemie und Magie.

Aus dem Mikrokosmos von Geist und Körper, soll ein Abbild des Makrokosmos erschaffen werden, um auf diese Weise eins zu werden, mit dem Universum sowie mit dem ihm innewohnenden Dao.

Das erste gesicherte Datum der Religion des Daoismus ist das Jahr 215 nach Christus. Sie wurde als Cao Cao die Kirche der Himmelsmeister anerkannt.

Der Daoismus weist kein geschlossenes oder einheitliches System auf, da er sich auf viele heterogene Quellen bezieht.

Bei Laozi oder Lao-tse nimmt der Begriff des Dao die Bedeutung eines der ganzen Welt zugrunde liegenden, alldurchdringenden Prinzips an.

Das Dao ist sowohl die höchste Wirklichkeit als auch das höchste Mysterium, die uranfängliche Einheit, das kosmische Gesetz und das Absolute.

Aus dem geistigen Kosmos des Dao entstehen die „zehntausend Dinge", also das Universum, sowie die Ordnung der Dinge, ähnlich der Naturgesetze.

Dem Dao selbst ist kein übergeordnetes, omnipotentes, allmächtiges, Wesen zuzuschreiben, sondern es ist Ursprung und die Vereinigung der Gegensätze, womit es letztlich undefinierbar ist.

Dao als jenseits aller Begrifflichkeit ist nicht zu fassen, weil es der Grund des Seins, die transzendente Ursache ist. Somit enthält es alles, auch den Gegensatz von Sein und Nicht-Sein.

In diesem Sinne kann nichts über das Dao ausgesagt werden, weil jede Definition eine Begrenzung bedeutet.

Das Dao ist sowohl die unbegrenzte Transzendenz, als auch das dem geistigen Kosmos sowie dem physikalischen Universum, dem All, innewohnende Prinzip.

Durch das Wirken des Dao wird die Schöpfung hervorgebracht.

Die Welt geht hervor durch die Zweiheit, das Yin und das Yang, Licht und Schatten, sowie aus deren Wandlungen, Bewegungen und Wechselspielen.

Ob es einen Denker mit Namen Laozi oder Laotse („Der Alte Meister") wirklich gegeben hat, wird bezweifelt.

Im Daoismus wird ihm dennoch das Daodejing zugeschrieben (etwa aus dem 4. Jahrhundert vor Christus). Das Daodejing enthält auch die Lehre der Hundert Schulen, die sich an den Herrscher richtet und Frieden hervorrufen will.

In seiner heutigen Form wird das Daodejing in zwei Bücher mit insgesamt 81 Kapiteln unterteilt. Der erste Teil behandelt das Dao, der zweite das De.

Die Bücher stellten insgesamt jedoch keine logisch aufgebaute Konstruktion einer Weltanschauung dar.

Es erscheint vielmehr als eine ziemlich ungeordnete Sammlung mystischer Aphorismen, die zu eigener, subjektiver Interpretation anregen.

Etwa zur gleichen Zeit entstand das „Wahre Buch vom quellenden Urgrund", das Liezi, Lieh-tzu oder Liä Dsi. Es enthält auf oftmals humorvolle Art und Weise dargebrachte Weisheiten und wurde vermutlich von einigen Gelehrten, in einem Zeitraum von zirka sechshundert Jahren (etwa 300 vor Christus bis 300 nach Christus) zusammengestellt.

Es ähnelt in einigen Abschnitten dem Werk Zhuangzi (auch „Dschuang Dsi") das von einem chinesischen Philosophen mit Namen Zhuāng Zhōu (geboren um 365 v. Chr., Gestorben 290 v. Chr.) geschrieben wurde.

Andere wiederum sehen in Lieh-tzu eine historische Persönlichkeit, welche noch vor Zhuangzi gelebt haben soll, oder man ordnet das Buch einer speziellen philosophischen Schule zu.

Die im ersten Buch gegebenen „Offenbarungen der unsichtbaren Welt" zeigen die tiefe daoistische Weisheit dieses Textes. Beispielsweise im vierten Abschnitt, ein Zitat des „Herrn der gelben Erde":

**„Der Geist geht ein zu seinen Toren,
der Leib kehrt heim zu seiner Wurzel,
wie soll das Ich da dauern können?"**

Die ethische Lehre des Daoismus besagt, die Menschen sollten sich am Dao orientieren, indem sie den Lauf der Welt beobachten, in welchem sich das Dao äußert.

Dadurch können sie die Gesetzmäßigkeiten und Erscheinungsformen dieses Weltprinzips ohne übermäßige Anstrengung kennenlernen.

Da das Dao sich im Ziran, dem „Von-selbst-so-Sei-
enden", der Natur, offenbart, steht es für Natürlichkeit, Spontaneität und Wandlungsfähigkeit.

Harmonie erreicht man mit dem Dao weniger
durch Verstand, Willenskraft und bewusstes Handeln, sondern vielmehr auf mystisch-intuitive Weise,
indem man sich dem Lauf der Dinge anpasst.

Der Daoismus besagt:

„Im Kosmos gibt es nichts, was fest ist.
Alles ist dem Wandel unterworfen."

Man verwirklicht das Dao durch die Anpassung
an das Wandeln, Werden und Wachsen, welches die
phänomenale Welt ausmacht.

In den Wandlungen der Phänomene verwirklicht
jedes Wesen und auch jedes Ding spontan seinen eigenen „Weg", sein eigenes Dao.

Es wird als ethisch richtig erachtet, dieser Spontaneität ihren Lauf zu lassen und nicht einzugreifen.

Dies wird realisiert durch das Praktizieren von
Wu wei, das „Nicht-Eingreifen", „Nicht-Handeln" oder
„Nicht-Erzwingen".

Die Dinge und ihr Verlauf werden als sich selbst
ordnend und sich selbst in ihrer Natur entfaltend und
verwirklichend angesehen.

Es erscheint als sinnlos, seine Energie in einem
stetigen Willensakt der Handlung zu verschwenden,
bei einem Eingreifen in das natürliche Wirken des
Dao. Vielmehr sollte das Tun angemessen sein.

Durch den angestrebten reinen und nicht selbst-
bezogenen Geist soll ein Handeln möglich werden,
das nicht durch eigene Wünsche und Begierden ver-
blendet wird. Das menschliche Wesen soll einfach
„geschehen lassen".

Es wird als klug und weise angesehen, sich möglichst wenig in das Wirken des Dao einzumischen oder sich ihm gar entgegen zu stemmen.

Besser als durch große Kraftanstrengungen werden klare, deutlich vorgestellte Zielvorstellungen verwirklicht, wenn dafür die natürlichen, einfach von selbst ablaufenden Vorgänge genutzt werden, die durch das Dao bestimmt sind.
Dieses Prinzip der Handlungen ohne Kraftaufwand ist das bereits genannte Wu Wei.

Indem jemand die natürlichen Wandlungsprozesse mitvollzieht, gelangt er zu einer inneren Leere. Er verwirklicht damit die Annahme und Vereinigung von Gegensätzen, von Yin und Yang. Das Dao ist sowohl die Ursache als auch die Vereinigung von beidem.
Somit verwirklicht jemand im Einklang mit den natürlichen Prozessen den Dreh- und Angelpunkt der Wandlungsphasen von Yin und Yang, die leeren Mittelpunkte der Gegensätze.

Das Daodejing liefert die Weltanschauung, das Ideal von daoistischen Weisen:

Gleichmut, Rückzug von weltlichen Angelegenheiten und Relativierung von Wertvorstellungen sowie die Natürlichkeit, Spontaneität und zudem das Nicht-Eingreifen.

Nach daoistischer Auffassung führt nur die Übereinstimmung mit dem Prinzip des Dao zu dauerhaftem und wahrem Glück.
In die weltlichen Angelegenheiten verstrickt zu sein, führt dagegen zu einem Niedergang der wahren Tugend (De).

Es wird somit auch als ratsam erachtet, harmonische Gleichmütigkeit gegenüber Gütern wie belastendem Reichtum und unnützem Komfort zu erlangen, und sich vor übermäßigen Wünschen zu hüten.

Trotz dieser unverfälscht daoistischen Ethik wurden im späteren Daoismus auch ethische Lehren des Konfuzianismus und des Buddhismus übernommen. So bezieht sich Ge Hong (geboren um 280, gestorben um 340 nach Christus) ein chinesischer Daoist, Alchemist und Unsterblichkeitssucher, auf konfuzianische Tugenden.

Die Lingbao-Schule hat vom Buddhismus das universelle Heilsziel übernommen.

Der Quanzhen-Daoismus hat die ethischen Regeln für ihre Mönche und Nonnen gleichfalls aus dem Buddhismus entlehnt.

In allen Hundert Schulen des Daoismus streben ihre Anhänger danach, zum Ursprung zurückzukehren.

Dies wird in Begriffen daoistischer Mystik zum Beispiel die Rückkehr zum Einen, zur Perle, die Rückkehr zum Zustand, bevor es Himmel und Erde gab oder der „die Erschaffung des kosmischen Embryo" genannt wird.

Diese Rückkehr geschieht, indem der daoistische Adept ein stufig angelegtes, klassifizierendes System benutzt, dessen kosmologische Grundlagen Yin und Yang, die Fünf Wandlungsphasen sowie numerologische Koordinaten sind.

Der Adept begibt sich in den Mittelpunkt des so von ihm konstruierten Kosmos. Der Adept ordnet ein, verbindet, bestimmt und benennt, um eine Integration zu erreichen. Damit strebt er gezielt an, aus der Welt ein Instrument des Geistes zu gestalten.

Das daoistische Paradies liegt besonders im Westen der Kunlun-Gebirge. Es gibt jedoch auch noch andere Gefilde der Seligkeit, wie die Penglai-Inseln, auf denen die ersehnte Wunderpflanze der Unsterblichkeit wächst.

Die Höllenvorstellungen des Daoismus wurden erst später aus dem Buddhismus übernommen.

Die daoistischen Götter, auch „Unsterbliche" genannt, haben oft keine eigene, daoistische Geschichte. Andere gehen auf historische oder legendäre Personen zurück, die als bedeutend für die Entwicklung von Land und Volk angesehen werden. Sie stellen eher eine Inkarnation von Funktionen als Individuen oder Götter im westlichen Verständnis dar.

Neben den Gottheiten, von denen der Adept geheiligt wird, gibt es auch Götter, über die er befehlen kann.

Eine Triade der höchsten Gottheiten stellen die Drei Reinen dar. Bei den Drei Reinen sitzt der Yuanshi Tianzun in der Mitte, zuweilen mit den acht Trigrammen in seiner Hand. Zu seiner Rechten sitzt Laozi, mit einem Fächer in der Hand, und zu seiner Linken sitzt der Lingbao Tianzun, der sein Zepter hält, in Form eines magischen Pilzes.

Heutzutage verehren die meisten daoistischen Gruppierungen die Drei Reinen. In jedem daoistischen Tempel gibt es eine Halle der Drei Reinen.

Einige Gruppen verehren den vergöttlichten Laozi (Laotse) als höchste Gottheit, da sie annehmen, er sei das Dao selbst, er habe bereits vor der Entstehung des Universum existiert und er erscheine in unterschiedlichen Formen.

Die daoistische Vereinigung in der Volksrepublik China geht von ungefähr 60 Millionen Gläubigen aus.

Zirka 8 Millionen Daoisten leben heute auf Taiwan. Hier haben viele Anhänger daoistischer Schulen Zuflucht vor der Verfolgung durch die Kulturrevolution gesucht.

Auch unter den Überseechinesen und in anderen asiatischen Ländern wie Korea, Malaysia, Singapur, Vietnam und Japan ist der Daoismus verbreitet.

Das Verhältnis zum Buddhismus

Als der Buddhismus im 2ten Jahrhundert nach Christus nach China kam, wurde er zunächst als eine seltsam verzerrte Variante des Daoismus wahrgenommen, weil die ersten Übersetzer von buddhistischen Konzepten die Begriffe aus der daoistischen Lehre verwendeten.

Außerdem besagte eine daoistische Legende, dass die Gründerfigur Laozi nach Westen ausgewandert sei. In China erklärte man daher einfach, Laozi sei nach Indien gekommen und habe als Buddha die „Barbaren" zum Daoismus bekehrt; diese hätten seine Lehre aber nicht vollkommen begriffen und so sei der Buddhismus entstanden.

Eben durch diese gegenseitigen Beeinflussungen von Daoismus und Buddhismus entstanden auch neue Schulen.

Ein erfolgreiches Beispiel einer solchen Verschmelzung ist der weit verbreitete Chan-Buddhismus. Sein Einfluss war prägend für die chinesische Tang- und Song-Zeit. Als Zen-Buddhismus besteht er so in Japan, Korea und Vietnam bis heute fort.

Die Idee des buddhistischen Nirwana berührt sich mit der Auffassung aus dem philosophischen Daoismus, wonach die Auflösung des Ichs schon zu Lebzeiten angestrebt werden soll und schließlich im Tode stattfindet.

Richard Wilhelm (10. 05. 1873 bis 02. 03. 1939), Theologe, Missionar, Sionologe, beschreibt in seinem Kommentar zum Zeichen Nr. 52, des ersten Buches des I Ging, den Unterschied wie folgt:

„Während der Buddhismus die Ruhe erstrebt, letztlich durch Abklingen jeglicher Bewegung im Nirwana, ist der Standpunkt des Buchs der Wandlungen, dass Ruhe nur ein polarer Zustand ist, der als Ergänzung andauernd die Bewegung hat."

Die Himmelsmeister

Im zweiten Jahrhundert nach Chr. entstand die erste daoistische Organisation, in der Art einer „Kirche". Gegründet wurde diese Verbindung als die „Bewegung der Himmelsmeister" (tianshi dao), von Zhang Daoling (Chang Tao Ling) 142 n. Chr., in Sichuan.

In dieser Gruppe, die nach einer Abgabe, die ihre Anhänger zu leisten hatten, auch als die „Fünf-Scheffel-Reis-Bewegung" (Wudoumi Dao) bezeichnet wurde, herrschten messianische und revolutionäre Gedanken vor:

Die Han-Dynastie sollte gestürzt werden, damit der Himmelsmeister Zhang Daoling regieren und die Endzeit beginnen konnte.

In der Geschichte des Daoismus bildeten sich immer wieder auch noch andere Geheimbünde die häufig ebenfalls politische Ziele verfolgten. Wie beispielsweise die „Gelben Turbane", die „Roten-Augenbrauen-Sekte" oder die „Taiping-Sekte".

Etwa 30 Jahre lang existierte sogar ein Himmelsmeister-Staat, der durch einen großen Verwaltungsapparat charakterisiert war.

Die Bürokratie spiegelte die Vorstellung vom Himmel wider, der im Glauben der Himmelsmeister auch bürokratisch gegliedert ist.

Bitten und Gebete wurden in Formularen verfasst und durch Verbrennung an die jeweils zuständigen Gottheiten geschickt.

Speziell in der Himmelsmeister-Bewegung entstand eine ausgeprägte Ethik und ein daoistischer Ritual-Kultus.

Durch ihre regelmäßig zu entrichtenden Pflichtbeiträge entwickelten sich die Gemeinden zu ökonomisch bedeutsamen Organisationen.

Unter der Nördlichen Wei-Dynastie (386 bis 534 n. Chr.) traten immer mehr Mitglieder der Aristokratie der Himmelsmeister-Bewegung bei.

Auch viele Dichter und Künstler gehörten ihr an. Einer der Wei-Kaiser erklärte den Daoismus sogar zur Staatsreligion.

Ab dem zweiten Jahrhundert n. Chr. wurde auch Laozi in der Betrachtung der Himmelsmeister nicht mehr nur als „Alter Weiser" gesehen, sondern als Gott verehrt. Ebenso wurde aus dem abstrakten Begriff des Dao eine personale Gottheit.

Jedoch stellen die Götter des Daoismus eher eine Verkörperung von Funktionen dar, als individuelle Entitäten.

Zhuangzi beschrieb, dass auch der vergöttlichte Laozi weniger eine personale Gottheit darstellte, als vielmehr eine ausschließlich geistige Stütze des Dao und der daoistischen Heiligen.

Die Ritualgötter im Daoismus sind seitdem ab-strakte Instanzen oder Verkörperungen von Naturkräften, zum Beispiel der Erde, der Flüsse, des Re-gens, der Berge.

TAO
die Weltanschauung

Unabhängig von den weitgehenden übereinstimmenden Vorstellungen zum Daoismus hat sich mir aus ungezählten Spirituellen Rückführungen heraus die Weltanschauung TAO offenbart.

Diese Betrachtungsweise geht, wie bereits erläutert, zurück auf unsere Herkunft in den Tiefen der Milchstraße.

Ich hätte mir nicht träumen lassen, wie nah diese Erkenntnisse an den Denkweisen eines Laotse anknüpfen. Zumal mir zu Beginn meiner Reise in die eigene Vergangenheit nicht die geringste Verbindung bekannt war.

Durch diese Wahrnehmung von Ähnlichkeiten wurde mir jedoch deutlich: Der Ursprung unserer irdischen Religionen liegt wesentlich weiter zurück, als es sich Menschen der Erde träumen lassen.

Dabei nehme ich keine einzige Religionsform aus. Denn schließlich haben alle diese Vorstellungen von Gott oder von Götterdynastien, mitsamt den dazu gehörenden Engelswesen und sogar mit den Dämonen, weltweit erfahrbare Wurzeln.

Somit halte ich die Freundschaft mit jeglicher religiöser Betrachtung nicht nur für wichtig, sondern geradezu für lebensnotwendig. Ohne diese freundschaftlichen Beziehungen geraten allerlei spirituelle Anschauungen in falsche, irregeleitete Fahrwasser.

Es kann und darf keine Feindschaft zwischen den Religionen geben. Solche unwürdigen Vorgehensweisen entsprechen uns Menschwesen nicht wirklich.

Lasst uns deshalb eintreten, im gemeinschaftlichen Schulterschluss, für eine bessere, menschlichere und damit menschenwürdigere Welt!

Wir alle sind TAO, die Seele, der „Göttliche Funke", das Geistige Wesen, die „Person selbst", das „Ich bin".

Über die religiös zu nennende Maßnahme der Spirituellen Rückführungen, finden wir den bewussten Zugang zu unserem ureigenen, eigentlichen Selbst, zu **TAO dem Geistigen sowie zu TAO dem Göttlichen Ursprung**.

TAO setzt sich ein - für die Rückkehr der Seele, der „Person selbst", dem Geistigen Wesen, dem „Göttlichen Funken" als dem wahren "Ich bin"des Seins, in den Alltag des Lebens.

TAO bildet die Plattform für geistig spirituellen Austausch mit allen anderen religiösen Formen und Religionen. Im Rahmen des kommunikativen Miteinanders, der geistigen Verbindung, bildet TAO die Basis für eine gemeinschaftliche Zukunftsgestaltung.

TAO fördert und verstärkt die Zusammenarbeit geistiger Kräfte in der Gesellschaft. Durch die Verbreitung dynamisch ethischer Werte bemüht sich TAO dabei um das gegenseitige Verständnis, um Respekt, Vertrauen, Akzeptanz, nicht zuletzt auch um Verstehen.

DRUIDEN des TAO sind Wissende, die sich selbst als hilfreiche Berater der Menschen sehen.
Druiden des TAO mischen sich immer dann ein, wenn Unterdrückung droht oder herrscht und wenn Menschen in Not sind.

Druiden des TAO schaffen die Basis für religiöse Spiritualität im HIER und JETZT, damit unser aller Zukunft lebenswerter wird.

Die Gemeinschaft der Druiden des TAO ist, in den Begriffen des Planeten Erde, wie eine „religiöse Verbindung".

Ein paar Worte zu TAO

Aufgrund von atalantischen Überlieferungen und anhand etlicher Spiritueller Rückführungen, damit recht leicht erfahrbarer, hochwertiger Erkenntnisse, sind wir Geistige Wesen oder die Seele Selbst, das „Ich bin".

Als ewig seiender „Göttlicher Funke" sind wir ständig mit dem Göttlichen TAO eng verbunden.
Dabei ist TAO das Göttliche, unser aller Ursprung, ebenso wie wir selbst TAO die Geistigen sind.
Darüber hinaus ist TAO der gesamte geistige Kosmos sowie das physikalische Universum, unser Spielfeld in all seiner Pracht.

Sowohl die belebte als auch die unbelebte Natur ist hier unmittelbar TAO, nicht nur davon durchdrungen.

Somit ist TAO unsere Verbindung zum Göttlichen Ursprung sowie zu unserem eigenen Selbst, zu Wesen aller Art, zu Kosmos und Universum in allen Facetten, mehr als nur eng.
Raum als Entfernung und der messbare Ablauf von Zeit spielen im spirituellen Miteinander überhaupt keine Rolle.

In dieser gemeinsamen Wissensgewissheit und im Bewusstsein selbst die Seele zu sein, nicht nur eine zu haben, überstanden die Atalanter so manche Angriffe auf ihr Dasein (doch das ist eine andere Geschichte).

Als unzerstörbare, unverwundbare, nicht klein zu kriegende Seele hatten sowohl die Atalanter und haben wir noch heute den Trumpf in der Hand, der unser aller Leben bestärkt.

Niemand sollte sich klein reden lassen, keiner darf Dir weiß machen oder es Dir einreden Du wärst seelisch krank oder verletzt.

Leider hast Du allerdings in Deiner Vergangenheit oftmals mit Deiner Zerstörung oder einer Gefangenschaft übereingestimmt.

Du bist jedoch die Seele Selbst! Dir kann nichts, wirklich absolut nichts und niemand den Garaus machen.

Was Probleme aufwirft ist lediglich der Denkapparat mit dem wir hier, in diesem Universum, umgehen müssen.

Ich rede dabei vor allem von dem energetischen Konstrukt, genannt Verstand. Er nimmt Einfluss auf unser jeweiliges Gehirn, das von Leben zu Leben neu konstruiert wird. Dieses kann leider ebenso innerhalb eines jeden Lebensablaufs beschädigt bis getötet werden.

Doch der Verstand ist ein Instrument das uns immer begleitet, sogar über den Tod hinaus. So kann er über die lange Zeit unseres gemeinsamen Daseins gute Dienste leisten, aber auch ziemlich oft geschädigt worden sein.

Der Verstand hat Einpflanzungen hinnehmen müssen, die bis in die Gegenwart herein wirksam sind. Bedauerliche Fehler die ihm deshalb widerfahren, setzen unser gegenwärtiges Leben ganz schön in Verwirrung.

Ursache für seltsames Verhalten und das Scheitern im Lebensablauf sind zudem eigene Fehldiagnosen beim Analysieren von Daten und deren Interpretation.

Auch das Einwirken von Reizen mit anschließenden Reflex-Reaktionen lässt den Verstand irren. Es handelt sich dabei um einen uralten Mechanismus speziell des Körpers, also des Gehirns. Er dient ausschließlich der Selbsterhaltung.

In seiner körperlichen Existenz wirkt dieser Reiz-Reflex-Reaktions-Mechanismus auch auf den Verstand ein.

Die Reaktionszeit dieses Mechanismus ist extrem kurz. Dadurch kommt unser Verstand ganz schön ins Schleudern, wenn er mithalten soll.

Denn der Verstand braucht Zeit zum Denken. Manchmal benötigt er bis zu drei Tage und länger. Der Verstand ist es, der verlangt: „Da muss ich erst einmal darüber schlafen!"

Verständlich, denn eine sinnvolle Analyse von Datensätzen, womit der Verstand üblicherweise arbeitet, geschieht nun einmal nicht ad hoc, von jetzt auf gleich. So entgleist das Körpersystem manchmal. Es entzieht sich der Kontrolle durch unser Instrument.

Es geschehen Aktivitäten, die wir hinterher bereuen. Dennoch versucht unser Verstand auch solche Abläufe zu erklären.

Er bindet sie sogar in das Lebensgeschehen ein, indem er beginnt eine eigene „Logik" zu entwickeln. Diese kann für Außenstehende nur schwer bis gar nicht nachvollziehbar sein. Das dann, daraus resultierende Rationalisieren wird zur Lebensaufgabe des Verstandes.

Süchtige gehören zu den Leuten, die auf diese Art und Weise ihr irrationales Handeln verteidigen.

Jegliche Einflüsse des unwägbaren Verhaltens, bei einem selbst sowie von den anderen, verbreiten Disharmonie. Somit nimmt auch das Unglück laufend zu, wenn unser Verstand verrückt spielt.

Harmonie und Glücklichsein entspringen ausschließlich aus hoher Ethik. Diese ist gleichbedeutend mit entsprechend hochwertiger Vernunft.

Solche Vernunftbegabung entspricht dem seelischen Sein. Allein TAO, die Seele, setzt daher den Maßstab für Vernunft und Ethik.

Sobald Menschen beginnen unvernünftig zu denken, so ihre Handlungen danach ausrichten, entzieht sich deren Verhalten dem Verstehen.
Da das Verstehen oberstes Ziel des kommunikativen Mit- und Zueinanders ist, stirbt ebenso die Kommunikation zu den Mitmenschen.
Der Mangel an Kommunikation öffnet dann den Weg, hin zu mehr Kriminalität und zu zerstörerischer Gewalt.

Spirituelle Rückführungen lösen die negativen Einpflanzungen auf. Sie verhelfen dem arg gebeutelten Verstand zu seiner ursächlichen Befähigung.

So kann er auch dem, besonders vom körperlichen Gehirn ausgehenden, Reiz-Reflex-Reaktions-Mechanismus Paroli bieten.
Dessen gefährlicher Übereifer wird nun sinnvoll gebremst.
Die Analysen des Verstandes führen nämlich nach den Spirituellen Rückführungen auch schneller zum erforderlichen Ziel.

Das Aufräumen, per Spiritueller Rückführungen, sowohl in der näheren als auch in der weiteren Vergangenheit, schafft die nötige Ordnung, um uns, die TAO-Seele, wieder mehr, fortwährend mehr Verfügungsgewalt über den jeweiligen Lebensablauf zu ermöglichen.

Wir gewinnen zunehmend spirituelle Wissensgewissheit über unser Sein.

Die bedingungslose Liebe zum Leben, zu den Mitwesen sowie zum „Großen Spiel" im Universum wächst aus dieser Spiritualität.

Wir beginnen, aufgrund Spiritueller Rückführungen, den Denkvorgängen mehr Gelegenheit für Liebe und Licht einzuräumen.

Schließlich ist uns TAO, das Geistige sowie das Göttliche TAO, unendlich nahe. Der harmonische Verlauf des Lebens bietet uns, über Spirituelle Rückführungen, Stabilität beim GlücklichSein.

„Das einzig Beständige ist der Wandel."

Laotse

TAO über TAO

Weit über hundert Spirituelle Rückführungen, in den letzten 30 Jahren, haben mich davon überzeugt:

Es gibt nur den einen Ursprung, ein ursprüngliches Sein des Göttlichen im All, weit über unser Universum hinaus, damit nur eine Quelle für alle religiösen Betrachtungen. Unabhängig vom genaueren Wissen über den Taoismus hat sich mir TAO aus Spirituellen Rückführungen offenbart.

So konnte ich folgende sieben ursächliche Gemeinsamkeiten entdecken:

1) Es gibt ein TAO-GöttlichSein, weder Er noch Sie noch Es, ausschließlich Sein.

2) TAO-GöttlichSein ist kein Bestandteil irgendeines Universum, weder des unseren noch von irgendwelchen anderen.

3) Liebe und Licht (hochwertige, energetische Prinzipien) entsprechen dem TAO-GöttlichSein.

4) Das TAO-GöttlichSein kreiert aus sich heraus Geistiges, beispielsweise zur Schaffung von Universen oder dergleichen.

5) Das TAO-Geistige findet sich in entsprechenden Wesenheiten, von den Elementen über deren Verbindungen bis hin zum Leben und den Individuen.

6) Aus dem TAO-GöttlichSein entspringt jegliches Energetische, hervorgerufen durch das Geistige.

7) Das Energetische dient den Geistigen Wesenheiten als „Baumaterial", durch die Umwandlung ins Physikalische, in Energie und Materie.

Das GöttlichSein hat sich mir als TAO erschlossen. Somit entstanden die nun folgenden Erkenntnisse:

Wir alle sind vom Göttlichen TAO. Wir sind das Geistige TAO, das Geistige Wesen oder die Seele, der „Göttliche Funke", die „Person selbst", das „Ich bin" oder wie auch immer man sich selbst benennen will.

Das Miteinander, das Zueinander in TAO ist weder eine Kirche noch eine andere organisatorisch geführte Glaubensgemeinschaft.

TAO ist einfach Jegliches, alle Wesen und mehr, ohne es extra einer menschlich verbrämten Gemeinschaft zuordnen zu müssen.

„Du bist TAO, auch wenn Du von Dir nicht sagst, dass Du TAO bist oder sagst, dass Du nicht TAO bist.
Immer und immer bleibst Du TAO."

Göttliches TAO, den Göttlichen Ursprung, den Zugang zu unserem ureigenen Selbst, finden wir in völliger Bewusstheit.
Über die Maßnahmen der Spirituellen Rückführungen nähern wir uns dem Zustand immer mehr an.

Diese drei Buchstaben werden uns im Fortgang dieser Aufschreibungen immer wieder einmal begegnen:

T und A und O.

Man kann sie als ganzes Wort lesen oder tatsächlich als einzelne Buchstaben wahrnehmen.
Ich nutze hierfür Irdisches, um im Rahmen der hier gültigen Begriffe verstanden zu werden.

T A O, bestehend aus den Buchstaben:

T > Dieses große T verkörpert ein Urkreuz, das griechische und hebräische Tau-Kreuz.
Es ist verwandt mit dem ägyptischen Henkel-kreuz, dem Ankh, dem Symbol für Heiligung und Wei-hung.

A > Griechisch Alpha, vom semitischen Aliph oder Aleph, was Ochse oder Stier heißt. Der Stier ist das erste Zeichen im astrologischen Tierkreis.
Der erste Buchstabe im Alphabet ist das A, das Symbol für den Anfang.

O > Griechisch Omega, ist der letzte Buchsta-be im griechischen Alphabet. Es ist das Symbol für das Ende.
Das O ist zugleich ein Kreis, oder eine Kugel, das Symbol für Unendlichkeit und Universalität, ohne An-fang und ohne Ende, der Inbegriff des Vollkomme-nen.
Ein Punkt im Kreis, hier nicht sichtbar, be-deutet die ursprünglich manifestierte Idee. Das Gött-liche TAO ist dieser Punkt.

TAO ist die ursächliche Vernunft
im Chinesischen ebenso wie bei uns, den Druiden des TAO.

TAO ähnelt nur entfernt dem Kult des Taoismus.

Der Taoismus ist heute eher eine mystische, mit dem Buddhismus vermengte Geister- und Ahnen-Religion.
Die Natur ist dort, unter anderem, von überge-ordneter Göttlichkeit.

Ich will hier nicht dazu aufrufen, dass jemand den Glauben an seinen „lieben" oder an einen „strafenden" Gott oder an ganze Götterdynastien aufgibt.

Mein Bestreben ist einfach:
Aufzuzeigen wie sich uns, den Druiden des TAO, über die mehr oder minder regelmäßige Anwendung Spiritueller Rückführungen, eine ursprüngliche Göttlichkeit offenbart hat.

Uns ist dabei der Begriff und die Idee von TAO zugespielt worden. Um TAO erklären und erfassen zu können, müssen wir uns allerdings zumindest etwas von herkömmlichen Denkstrukturen lösen.

Es ist für mich, gleichfalls TAO, nicht einfach Worte zu fügen, wo menschliche Wortgebilde unzulänglich bleiben. Dennoch versuche ich nun die Idee von TAO nahe zu bringen.

So fahre ich einfach mal unzulänglich fort:

TAO ist das ursprünglich Göttliche, unser aller Ursprung. Er/Sie/Es ist TAO wie auch wir TAO, das Geistige, sind.

Wir, das Geistige TAO, sind die ursächliche Schöpferkraft für alle Dinge, für das Leben, für die zu Grunde liegenden Gesetzmäßigkeiten wie für die Geschehnisse in diesem Universum.

Aus dem Ursprung heraus hat das Göttliche TAO uns entsandt oder uns gehen lassen. Wir sind somit alle Kinder des Ursprungs, von TAO.

Beim „Gehen" haben wir uns allerdings nicht wirklich räumlich entfernt. Nur diese gedankliche Vorstellung davon erhält seitdem die Illusion aufrecht. Wir sind also weiterhin im oder beim Göttlichen TAO.

Allerdings haben wir es geschafft ein „eigenes" Umfeld zu kreieren und es entsprechend geschaffen.

Seitdem gibt es das „Große Spiel", mit dem bipolaren, physikalischen Universum als Spielfeld.

Unabhängig davon tragen wir in unserer gedanklichen Vorstellung, jeder für sich, den „inneren Kosmos", ein selbst aufrecht erhaltenes Abbild des Universum. Daraus resultieren unser aller Weltsicht und die Übereinstimmungen mit den anderen Kosmen anderer Geistiger Wesen. Nur deshalb können wir behaupten, ein gemeinsames Universum zu bevölkern.

Jedermanns innerer, geistiger Kosmos äußert sich im Denken, Sprechen und Handeln. Alle Erinnerungen und irgendwie gespeicherten Daten, im Körper, im Energiefeld sowie im Verstand und darüber hinaus bei der TAO-Seele, bilden den Kosmos des Denkens, damit den uns innewohnenden kosmischen Vorstellungsrahmen.

Alles was in diesem unmittelbaren oder auch weiter entfernten Einflussbereich geschieht, sich abspielt, unterliegt dem, von uns selbst ausgehenden, Gesetz von Ursache und Wirkung. Dieses Wirkungsfeld ist wesentlich größer, als wir es uns, mit dem menschlich geprägten Verstand, vorzustellen vermögen.

TAO ist die gemeinsame Richtschnur oder der „kleinste" gemeinsame Nenner, womit wir fortwährend das „Große Spiel" am Laufen halten.

Über TAO im ich und TAO im Du sowie TAO im wir und darüber hinaus, also TAO im allumspannenden, alldurchdringenden Göttlichen, finden wir uns zusammen. Wie streben beim Erschaffen erst nach der Vollendung der kosmischen sowie anschließend der universalen Zusammenhänge.

Es gibt in Deinem eigenen Kosmos keinen Gott außer Dir! Du bist TAO, der einzige für Dich gültige Gott.

Manche von uns haben ihre Göttlichkeit einer Gruppe von Lebewesen offenbart oder übermittelt.

Sie wurden damit deren Gottheit(en), in Übereinstimmung mit deren Welt und deren Anschauungen vom Leben. So entstanden ganze Dynastien von Göttern.

Aufgrund Deiner göttlichen „Abstammung" erstreckt sich Deine Verantwortung auf alles was Du denkst, sagst und tust sowie zu dem was Du auch entsprechend unterlässt oder zulässt, dass es gedacht, gesagt oder getan wird.

Ebenso kann niemand, außer Dir selbst, Dich für Dein eigenes Lebenskonzept zur Verantwortung ziehen oder Dir Schuld zuweisen.

Diese deine Schuldfähigkeit bezieht sich immer auf Dein eigenes Schuld-Bewusstsein.

Stimmt diese Art des Bewusstseins nicht mit dem anderer überein, bleibt Dein geistiger Kosmos frei von jeder Art und Weise von Schuld sowie von Schulden. Dies gilt nur für Dich! Es gilt nicht unbedingt zugleich auch für Deine Mitwesen.

So kannst nur Du Ordnung schaffen und für Ordnung sorgen, in Deinem Kosmos sowie in Deinem bewusst sowie nicht bewusst gelebten Umfeld.

Dennoch: Du kannst Dir Selbst nicht gerecht werden, wenn Du die Göttlichen Prinzipien des TAO aus den Augen und aus dem Sinn verlierst.

TAO ist das Prinzip der höchsten Liebe, in Einheit mit

> höchster ethischer Vernunft
> höchster Verantwortung
> höchster Kreativität
> höchster Ästhetik

TAO steht somit für:

> Liebe
> Ethik / Vernunft
> Kreativität
> Ästhetik
> Wissen
> Ordnung
> Erschaffen
> Gemeinschaft
> Miteinander
> Respekt
> Toleranz
> Verständnis
> Verstehen
> Macht (Kraft, Stärke, Energie)
> Spielgeist

Wer sich davon allzu weit entfernt verliert, verliert, verliert, ... sowohl seinen Spielgeist, als auch seine Fähigkeiten und mehr.

Er verliert letztlich den selbst gestalteten und laufend gestaltbaren Sinn seines Lebens und damit das „Große Spiel", er verliert sein Selbst.

Der Verlust der Beseelung durch TAO, der Verbindung zum Göttlichen sowie zu sich Selbst, ist nicht etwa ein fiktives Böses sondern einfach zunehmende Leere.

Gut und Böse sind sowieso nur zwei Seiten einer Medaille, Betrachtungen mit denen wir das interessanter gemachte „Spiel des Lebens", einer Variation des „Großen Spiels", am Laufen halten.

Wer „Gut" und wer „Böse" ist entscheidest immer Du selbst, über die jeweilige Gruppierung der Du angehörst, als individualisiertes TAO-Wesen.

Das Feld des gemeinsamen Kosmos von Gruppierungen regelt die Betrachtungsinhalte.

Was in diesem Zusammenhang gerade „In" oder „Out" ist kann sich im Laufe der Zeit gravierend wandeln.

So war das Essen von Menschenfleisch bei früheren Kulturen, heute sagen wir: Primitiven, etwas völlig Normales. Wir können uns dies, aus heutiger Sicht, gar nicht mehr vorstellen.

Unser derzeit sittliches Empfinden und unsere Moral haben sich verändert und wandeln sich noch laufend.

Damit sind, im Nachzug zu den moralischen Grundsätzen, auch unsere Gesetze und Verordnungen ganz andere geworden.

TAO in der Transzendenz

Allgegenwart, Allmacht, Allvernunft, ... - dies wird Gott zugeschrieben und soll ihn verkörpern. TAO ist jedoch nicht einfach Gott.

Gott oder Allah oder Jahwe oder Manitou oder ... , wie wir ihn aus Religionen heraus vermittelt bekommen, ist lediglich immer nur ein Aspekt von TAO.

So war TAO für Menschen leichter annehmbar, weil das Göttliche personalisiert wurde.

TAO ist:

> ohne Raum
> ohne Materie
> ohne Energie
> ohne Zeit
> ohne Gestalt
> ohne Identität

TAO ist kein Bestandteil dieses Universum aus Materie, Energie, Zeit und Raum.

TAO ist daher weder von Raum noch von Zeit abhängig. Er/Sie/Es TAO ist weder im Raum präsent, noch spielt Zeit für TAO eine Rolle.

TAO ist riesengroß und winzig klein zugleich.

TAO enthält jegliche Idee von Universen ohne jedoch deren Behälter zu sein.

TAO ist unendliches Wissen und Können. Wobei Unendlichkeit für TAO sowieso nicht relevant ist, da dies ein Begriff aus einem endlichen Dasein ist.

TAO sind wir Selbst, als Geistige Wesen.

Wir sind sowohl in TAO, dem Göttlichen, als auch in der Verbindung mit TAO, unserem Ursprung.

Das bedeutet aber auch, dass wir in ständiger Verbindung mit all den anderen sind, die ebenfalls TAO sind.

TAO kann, aus unserer Sichtweise, als große, unbegrenzt große Gemeinschaft gelten, die wiederum die Ganzheit von TAO darstellt.

Diese Verbindung ist selbstverständlich nicht ausschließlich auf den Bereich der Lebewesen beschränkt.

Darüber hinaus sind wir, das Geistige TAO, ebenso wie das Göttliche TAO, mit allem und jedem in untrennbarer Verbindung, in einer ständig schwingenden Resonanz.

Ich habe mich TAO noch aus weiteren, unterschiedlichen Standpunkten heraus genähert.

TAO das Göttliche und wir, TAO das Geistige, sind eins.

Das "Ich bin" ist TAO, die Person selbst, das Geistige Wesen, zugleich gelebte Göttlichkeit im Hier und Jetzt.

Jeder von uns lebt sein Dasein, nur ein einziges Dasein, seit unglaublich langer Zeit, lediglich in wechselnden Körpern.

Über die Zeiten haben wir selbst, mit zunehmender Begeisterung, uns auf das "Rad des Lebens" geflochten. Seitdem erleben wir jeden Abschnitt von: Geburt, Leben, Sterben und Tod.

Der Sinn dieses ewigen Daseins besteht einfach darin das "Große Spiel" zu spielen, ihm einen möglichst hochwertigen, selbstbestimmten Sinn zu geben.

Genau diesen Sinn geben wir jedem Teilbereich des Lebens, im Erleben sowie im Überleben, bewusst oder nicht bewusst.

Dreieck des "Ich bin"

Dieses Dreieck lässt uns erahnen wie sich TAO, zumindest das Geistige Wesen, mit dem Kosmos verbindet und dennoch ganz es selbst bleibt.

36

Alle Eckpunkte zusammengenommen ergeben in der Mitte das Entscheidende, die **Liebe**.

Ich liebe!

Ich liebe mich **Ich liebe Dich**
Ich liebe Euch

Lebendiges
mit dem „Ich bin"

Liebe
die "Ich bin"

Leichtigkeit **Licht**
des "Ich bin" das „Ich bin"

Ausgehend von der **Leichtigkeit des „Ich bin"**, des Seins, gelingt es uns, den Spielgeist zu behalten. Diesen Spielgeist haben wir vom Göttlichen TAO mit auf den Weg bekommen.

In Leichtigkeit, die uns einfach eher entspricht als ihr Gegenteil, die Wichtigkeit, mit Gewicht und Schwere im Schlepptau, ist ein Attribut von TAO.

Wenn es also heißt: „Nimm Dich doch nicht so wichtig!", dann ist damit die Aufforderung gemeint, derjenige soll sich aus der Schwere des Daseins ins eher Geistige erheben. Die Person kann dann vielleicht anfangen wieder einmal zu schweben, wie es nur Geistige Wesen hinbekommen.

Nicht von ungefähr werden sowohl Gespenster im Schwebezustand dargestellt als auch Engelswesen mit Flügeln, die ihnen sicherlich die nötige Leichtigkeit beim Fliegen ermöglichen können.

Die gelebte Leichtigkeit erleben manche von uns in so genannten Flugträumen.

Darin wissen wir unzweifelhaft wie es funktioniert und wie es sich anfühlt.

Wenn keine allzu harte (Not-)Landung mit hineingeträumt wird, empfinden wir deutliche Glücksgefühle für den ganzen darauf folgenden Tag.

Versucht doch einfach einmal derartigen Emotionen nachzuspüren, sie zu halten und damit Eure Tage selbst zu gestalten.

Lebendiges mit dem „Ich bin" bedeutet: Alles, was wir als Leben erfahren, hat seinen Ursprung im Geistigen oder vom Geistigen.

Vitalität ist Lebendigkeit mit der das Erleben erst lebenswert wird.

Das Leben als Geistiges Wesen ist in diesem Zusammenhang kaum vom Leben als Lebewesen zu trennen.

Es handelt sich lediglich um eine Erweiterung der Skala der Emotionen, wenn wir uns in das dramatisch gepolte, das aufgeheizte oder das unterkühlte, Dasein von Lebewesen begeben.

Wir sollten uns nicht zu sehr darüber aufregen. Oder vielleicht gehört gerade die Aufregung auch dazu, wenn es uns als Lebewesen so schlecht ergeht wie es uns seit Urzeiten geht.

Wir haben es irgendwann einmal so gewollt. Schließlich mussten wir uns ja unbedingt in diesen Hexenkessel niederer Gefühle stürzen; von Wut über Schmerz abwärts bis in den Tod, weil uns der Überlebenskampf geradezu magisch anzog.

Seine Faszination wurde allerdings zur Belastung, als wir überwältigt wurden und dann bemerkten, dass der Kampf ums Überleben uns nicht mehr losließ.

Wir alle erlitten wieder und wieder unterschiedliche Verluste, die wir anfangs noch irgendwie ausgleichen konnten. Wie es Spielgeister eben so drauf hatten.

Als das Verlustempfinden jedoch in schwerwiegende Verantwortung für unsere häufiger geschädigten Körper umschlug, waren wir verloren.

Wir hatten das Spiel tatsächlich verloren! Nun denn, machen wir das Beste daraus!

Arrangieren wir uns auch mit der Lebendigkeit von Körpern und schenken ihnen die nötige Vitalität, die sie über den niederen Zustand von einfach „nur noch Überleben müssen" hinaushebt.

Gönnen wir doch sowohl den ausschließlich Körperlichen (die es so nicht gibt) als auch uns, TAO-Seelen, gleichermaßen das Erleben im Hexenkessel.

Kosten wir das Lebendige mit allen nur irgendwie möglichen Facetten aus und bleiben dennoch völlig bewusst TAO, das Geistige Wesen.

Dem **Licht des „Ich bin"** mehr Raum zu geben, war eine der ursprünglichsten Aktionen des Geistigen.

„Am Anfang war das Wort!" So heißt es zwar in der Schöpfungsgeschichte der Bibel. Doch noch vor diesem gewaltigen Wort, anscheinend oder angeblich der ersten Schwingungsqualität im Universum, war sicherlich das Licht.

Jenes Licht vom Ursprung hat noch vieles mit dem Göttlichen TAO gemeinsam. Seine Klarheit ist erhaben und strahlend.

„Ich glaube, dass wir einen Funken jenes ewigen Lichts in uns tragen, das im Grunde des Seins leuchten muss und welches unsere schwachen Sinne nur von Ferne ahnen können. Diesen Funken in uns zur Flamme werden zu lassen und das Göttliche in uns zu verwirklichen, ist unsere höchste Pflicht."

Johann Wolfgang von Goethe

„Unsere Sache ist es, den Funken des Lichts festzuhalten, der aus dem Leben überall da hervorbricht, wo die Ewigkeit die Zeit berührt."

Johann Christoph Friedrich von Schiller

Mit dem Licht haben wir einen Wegweiser in dunkler Nacht. Es vertreibt zudem die Dunkelheit, wenn es sich ausbreitet.

Wo immer wir helles Licht wahrnehmen, weicht das Dunkel.

Vampire, Dämonen, teuflische Mächte scheuen das Licht, wie uns die Mythen erzählen. Das Dunkle, womit viele eben auch das Böse meinen, wird von einem Lichtstrahl in seine Schranken gewiesen.

Entsprechend dieser Anschauung wird ausgesagt: Wenn wir Licht in unser Herz lassen, können wir uns sicher und geborgen fühlen. Licht wird daher auch mit Wärme und Behaglichkeit und mit dem Wohlbefinden in einer sehr angenehmen Umgebung gleichgesetzt.

Weniger nett sind die so genannten Irrlichter. Diese können uns verleiten in falsche Richtungen zu gehen.

Fehlleitungen oder Verleitungen sind an der Tagesordnung, wenn wir nur an die Lichtwerbung denken.

Auch sollten wir auf Planet Erde vorsichtig mit dem Licht umgehen, das uns nach dem Verlassen des Körpers lockt.

Hier haben wir es nämlich mit dem Bestandteil eines Fallensystems zu tun; dem dürfen wir uns nicht anvertrauen. Blendendes Licht, im Sinne von sehr hell oder auch im Sinne von Verblendung, und allerlei Lichtwesen führen uns dabei in Versuchung.

Sobald wir in diese Licht-Fallen gehen werden wir verwirrt, alle unsere geistigen Einpflanzungen werden wieder einmal aufgefrischt und uns wird die Erinnerung an frühere Leben genommen.

Ich weiß, dass ich mit diesen Aussagen in heftige Widersprüche hineinlaufe.

Doch aus meinen Erfahrungen mit vielen Spirituellen Rückführungen leite ich hier einfach die Verpflichtung ab darüber aufzuklären und Auswege aufzuzeigen.

Deshalb: Nach dem Verlassen des Körpers macht es keinen Sinn, als TAO-Seele, den Verlockungen der lieben Ahnen, den himmlischen Klängen und den Lichteffekten allzu leichtgläubig nachzugeben.

Versucht bitte zu widerstehen und lasst Euch erst einmal in einem Baum oder an einer Quelle oder dergleichen nieder.

Überdenkt Eure Situation als nun frei gewordener Geist und lasst Zeit, sehr viel Zeit verstreichen.

Ihr habt alle Zeit der Welt, um Euch erneut zu orientieren.

Dann erst vollzieht Eure Wiedergeburt so, wie Ihr es zur Bereinigung von Karma für richtig haltet und wo Ihr es Euch wünscht.

Es muss auch nicht gleich ein menschliches Lebewesen Euer nächster Wirt sein.

Nichts desto weniger: Lasst Euch nicht das gute Gefühl verderben, das Ihr zu Lebzeiten mit dem Licht um Euch herum habt.

Dieses Licht des Lebendigen ist kraft- und lebenspendend, ganz hervorragend dazu geeignet Eure Vitalität anzuregen.

Sowohl die Sonne als auch etliche künstliche Lichter regen das Wachstum von Körpern an, nicht nur von Pflanzen, und lassen die Entfaltung des Esprit zu, also des Intellekt in seiner Bewusstheit.

Liebe die „Ich bin". Dies zu Sein ist wahrhaft TAO. TAO das Göttliche sowie das Geistige sind im liebevollen Dasein heilig.

Liebe hat zwar viele Gesichter, doch die Liebe des Göttlichen ist die bei weitem höchste und erhabenste.

Damit soll die Liebesfähigkeit von Lebewesen nicht herabgesetzt werden.

Im Gegenteil, deren Liebesakt zur Erhaltung der Art und der Rasse ist bereits ein Lebensborn für sich. Ihm gibt sich das Leben mit Freude hin.

Leider wird die Beziehung zwischen den Liebespartnern nur noch sehr selten als hochwertiges Ritual vollzogen.

Auch der Orgasmus gerät dabei immer öfter in Verruf und wird nur noch dem billigen, kurzweiligen Vergnügen geopfert.

Dabei handelt es sich hier um den spirituell energetischen Ruf zur Beseelung.

Er ist ein Fanal in die Welt des Geistigen hinein, ein Ruf für die geistigen Wesenheiten, um darauf aufmerksam zu machen: Hier ist ein neuer Körper im Entstehen, den es zu begleiten gilt.

Die Liebe zu den Mitwesen äußert sich im Sozialverhalten von Menschen ebenso wie von Tieren.

Erst das Kümmern, um alle, wirklich alle Mitglieder einer Lebensgemeinschaft, ganz besonders der Schwächeren, bringt die Liebesfähigkeit zum Erblühen.

Hierin können sich unter anderem Religions- und Glaubensgemeinschaften beweisen.

Doch auch alle Gruppen in einem Miteinander von Wesenheiten, in Familien, als Clans oder Sippen, in Vereinen, Betrieben und selbstverständlich in den Staaten, tragen Verantwortung beim Verbreiten von Gemeinschaftsgefühlen.

Der Liebe untereinander, miteinander und füreinander ist somit ein wesentlich höherer, nächsthöherer Stellenwert zuzumessen.

Die Liebe zum Göttlichen ist noch höher als das Liebesempfinden zur Natur des Universum.

Dies schließt ein, dass wir zu allem Energetischen sowie zu dessen Ausprägung in der Form von Materie, mit dem Mineralreich als Besonderheit, inklusive den immer dazu gehörenden Räumen, enge Beziehungen hegen und pflegen sollten.

Den Faktor Zeit hierbei mit einzubeziehen macht nur dann Sinn, wenn wir uns als ausschließlich körperliche Wesen anschauen.

Im Geistigen sind wir über den Zeitablauf erhaben. Für uns Geistige Wesen ist die Zeit unerheblich.

Denn sie ist sowieso nur die Betrachtung von Energie oder Materie mit deren Bewegung im Raum, ohne eigenständige Bedeutung.

Dennoch! Lasst uns dem universalen Dasein, also dem „Großen Spiel" in seiner Gesamtheit, die Liebe entgegen bringen, die uns als Spielgeister gerecht wird. Liebt das „Große Spiel", in allen Variationen und Nuancen.

Erlebt die Liebe zu Euch selbst, als Lebewesen sowie als Selbst, als das Geistige TAO-Wesen.

Lebewesen sowie Geistwesen geraten, im Reigen der Vielfalt von Möglichkeiten, immer wieder einmal aneinander.

Sogar Du, als Körper inklusive Gehirn, bist oft genug mit Dir, als Verstand, im Klinsch.

Während Dein Überlebensinstinkt vom Körper aus Stress erzeugt (einen mehr oder wenige sinnvollen Ausstoß von Adrenalin), sagt Dein analytisch arbeitendes Denkvermögen des Verstandes: „Es tut mir gar nicht gut, wenn ich zu schnell aus dem Häuschen bin." und das Geistwesen, Du Seele, meinst zudem, in der Übereinstimmung mit dem Verstand:

„In der Ruhe liegt die Kraft!"

Wenn der Verstand Euch, TAO, die Seele, wieder einmal majorisieren will, so bedenkt einfach, er will tatsächlich nur das Beste: Die absolute Vorherrschaft über den Körper!

Dies ist etwas, worauf er von Euch vor langer, langer Zeit einmal programmiert wurde, damit Ihr in Ruhe ein wenig Abstand vom Trubel des Lebens bekommt.

Also lasst ihm doch auch heute noch seinen berechtigten Willen.

Zieht Euch ein wenig zurück, beobachtet den Ablauf von Geschehnissen, gebt Eurem Verstand, dem Erzeuger von Problemen sowie dem Problemlösungswerkzeug, freies Feld zum Arbeiten und zum Experimentieren.

Gönnt Euch den Blick aus der Ferne, auf das Werk dem Ihr selbst die Energie für das Lebensdasein eingehaucht habt.

Ihr seid die Seele, TAO, das Geistige Wesen. Ich kann es wohl nicht oft genug wiederholen. Ihr seid somit weder Euer körperlich angelegtes Gehirn noch der energetisch konstruierte Verstand.

Liebt Euch in allem, was Ihr für Euch selbst sowie für andere sein könnt.

Euer Wert für das Erleben im „Großen Spiel" kann niemals hoch genug eingeschätzt werden, kann auch niemals getrennt werden von allen anderen Arten der Liebe.

Wenn und sobald oder solange Ihr Wesen im Geiste Euch bewusst seid, wird dieses „Große Spiel" nicht aus dem Ruder laufen, wird es Euer ureigenes Spiel sein.

Liebt daher das Spiel mit allen seinen Variationen (gut, schlecht oder egal) und Euch als Spielgeister.

Die Liebe zum Göttlichen bedarf eigentlich keiner weiteren Erklärung. Oder soll ich sagen: Die Verbundenheit mit dem Göttlichen TAO erklärt jegliche Art von Liebe!

Allein in Liebe mit jemandem verbunden zu sein, ist schon ein unglaubliches Erlebnis.

Doch zu wissen, ohne jeden Zweifel die Wissensgewissheit zu haben, mit dem Göttlichen eins zu sein ist phänomenal.

Von mir sagen zu können: „Ich bin die Liebe! Die Liebe die das Göttliche TAO ist.", fühlte sich für mich an wie der Windstoß, den ein lauer Sommerwind unter die Schwingen eines Engels haucht.

Ihr merkt, hier fange ich an poetisch zu werden. Das ist kein Wunder, denn ein Merkmal des Göttlichen sowie des Geistigen ist Ästhetik. Dazu zählt auch die Kunst und damit ebenso die Poesie.

Göttliche Liebe durchdringt jeglichen geistigen Kosmos sowie das physikalische Universum.

Dies beruht darauf, dass wir alle, jeder für sich und alle miteinander, einen geistigen Kosmos konstruiert haben. Alle diese „Billiarden" Kosmen haben, in Übereinstimmung miteinander, das physikalische Universum geschaffen.

Unser gemeinsames Liebesempfinden bildet somit die große Liebe, die sich zum Göttlichen zusammenfindet.

Das soll allerdings nicht heißen, dass Liebe ein teilbares Gut ist. Sie ist wie und wobei immer nur Liebe. Ihr zuviel des menschlichen Gedankengutes auffrachten zu wollen ist unpassend. Denn, um dem Göttlichen TAO gerecht zu sein, ist wahre Größe im Denken wie im Handeln gefragt.

Lasst uns den See oder besser noch das Meer als Bild für umfassende TAO-Liebe betrachten.

Aus dem Wasser des Meeres entspringt alles Leben. Aus diesem Meer hebt sich Wasser das zu Wolken wird und über dem Land abregnet.

Damit spendet das Meer allen Wesenheiten die Lebendigkeit, im Zusammenspiel mit dem Licht.

Wir alle gemeinsam, die Kinder der Liebe, sind die Tropfen die dem Lebendigen zum Gedeihen verhelfen. Wir überschütten alles mit unserer Liebe.

Wir begleiten das Leben mit unserem liebevollen Sein, lassen alles wachsen und erblühen, und streben schließlich wieder dem Meere zu.

Das Höhere Selbst

Die meisten Menschen leben in einem ständigen Zustand des Zweifels, zwischen richtig oder falsch, gut oder böse, Wahrheit oder Lüge.

Dieser Zustand wird herbeigeführt durch Erlebnisse der nahen und/oder einer fernen Vergangenheit. Die Verwirrung, die der Zweifel hervorbringt, wird in das gegenwärtige Leben hereingetragen.

Im Verstand erfolgt ein ständiger Abgleich zwischen früheren Ereignissen und dem Geschehen der Gegenwart. Dabei werden Ähnlichkeiten gefunden, diese analysiert und für uns Wesenheiten, als Erfahrungswerte, in Handlungen umgesetzt.

Leider funktioniert dieses System nicht immer völlig fehlerfrei. Dadurch kommt die weit verbreitete Aussage zustande: "Irren ist menschlich."

Menschliches Fehlverhalten oder besser gesagt: So genanntes menschliches Fehlverhalten führt nun dazu, dass im Leben immer wieder mal unkalkulierbare Risiken auftauchen, die planvolles Vorgehen zu Zufallsprodukten werden lassen.

Dennoch ist es in vielerlei Situationen einfach notwendig, dass Entscheidungen getroffen werden müssen.

Vor allem Manager und Selbständige stehen oft vor der Qual der Wahl.

Von den möglicherweise lebenswichtigen Entscheidungen hängt auch das Schicksal ihrer Mitarbeiter ab. Jetzt ist guter Rat teuer!

Hier haben emotional geprägte Entscheidungen, aus dem Bauch heraus oder aus dem Kaffeesatz gelesen, nichts verloren.

Selbst alle rationalen Überlegungen führen sonst zurück auf einen strategisch und planvoll geführten (Irr)Weg, auf dem sich trotzdem die berühmt-berüchtigte "Katze in den Schwanz beißt".

Was tun? Ach gäbe es jetzt doch ein höheres Wesen, das hier eingreifen könnte!

Keine Sorge! Das gibt es! Ich spreche hierbei noch nicht einmal von Gott oder vom Göttlichen. Für den Ablauf im Leben hat der Mensch gefälligst erst einmal selbst Verantwortung zu übernehmen.

Genau dafür gibt es aber das Höhere Selbst! Denn jeder Mensch hat Zugang zu diesem seinem Höheren Selbst.

Hier ist nämlich das „Ich bin", die TAO-Seele, im Spiel. Während der menschliche Verstand zu irren vermag, die Seele, das "Ich bin" und das unmittelbare Du, kann es nicht.

Wie oft sind Menschen schon aus Situationen gerettet worden, aus denen der Verstand keinen Ausweg mehr wusste.

In Notsituationen kommt dann zum Tragen, was auch als "Schutzengelfunktion" bekannt ist.

Dieser "Schutzengel" ist nichts anderes als das, was zu sich selbst "Ich bin" zu sagen vermag, die Seele oder eben das Höhere Selbst das jeder von uns ist (Nicht hat!).

Das ähnliche Phänomen finden wir auch, wenn Leute von Erlebnissen nach dem Tode berichten oder, wenn Spirituelle Rückführungen ablaufen, ohne Hypnose und ohne Drogeneinfluss, also bei vollem Bewusstsein.

Der Verstand, den viele auch als Geist bezeichnen (hierbei herrscht einiges an Begriffsverwirrung), unterliegt ziemlich oft dem Irrtum und der Fehlfunktion, wie bei einer überlasteten "Rechenmaschine".

Diese Überlastung kann sowohl von der Hardware herrühren, dem Körper mit seinem Gehirn, als auch von der Software, dem manchmal unzureichend mit Daten gefütterten Programm, das leider zudem einige Viren beheimatet.

Lediglich das Höhere Selbst, als eindeutiges Abbild des Göttlichen, kann keine Fehler machen und hat keine Wahrnehmungsdefizite. Es weiß so gut wie alles, wenn nicht tatsächlich alles.

Doch es zieht sich offenbar manchmal zurück und überlässt dann dem „freien Willen" des Menschlichen das Feld, angeführt vom Verstand, der wiederum das Gehirn und die Nerven nutzt.

Das Vertrauen des Höheren Selbst, diesen Werkzeugen gegenüber, ist ziemlich groß, manches Mal anscheinend zu groß.

Wir, TAO-Seele, sollten uns jedoch nicht scheuen, es ist unser gutes Recht den Verstand zu übertrumpfen, dadurch ein Stück mehr Bewusstheit zu erlangen, um damit wieder wir Selbst zu sein.

Denn, wenn sich das Höhere Selbst zu weit zurücklehnt, es dennoch bewusst zulässt durch die uralte, vorprogrammierte Überheblichkeit des menschlichen Geistes (Verstand) zur Tatenlosigkeit gebracht zu werden, verliert es im Lauf der Zeit zunehmend seine Kontrolle im Spielgeschehen.

Dieser Geist im Menschlichen schiebt sich dann, durch automatisch wirkende Mechanismen und durch gewohnheitsmäßiges Denken, vor das Höhere Selbst.

Der Verstand, das ursprünglich hauptsächlich als ein Problemlösungswerkzeug gedachte Instrument, meint einfach: "Lass nur, ich mach das schon!"

Nun wir wissen alle, dass sich der menschliche Verstand allzu oft überschätzt und sich in mehr Problemen verstrickt hat, als er Lösungen dazu liefern kann.

Die „Mutter Natur" könnte ein grausiges Lied davon singen: Denn überall dort wo der Mensch „regulierend" eingreift, entsteht über kurz oder lang Chaos. Durch die absichtliche Zerstörung der Göttlichen Ordnung folgt der Untergang des natürlich geregelten Miteinanders auf dem Fusse.

Wir sollten uns Selbst, also als TAO, als Höheres Selbst, wieder viel mehr und öfter Gelegenheit geben mitzuwirken.

Geradezu herausfordern, mit Macht aufwecken, einfach immer wiederholt um Rat und Hilfe bitten, sollten wir den dahindösenden "Schläfer", der wir wahrhaft selbst sind.

Fordere von Dir selbst wieder mehr Verantwortung für das Leben!

Die Lösung lautet: Beschäftige Dich mit allem, was Göttliches Sein, Seele und Beseeltheit bedeutet. Beschäftige Dich mit den Fragen des Seins und dem Sinn des Lebens. Hole Dir dann selbst die Antworten oder lasse sie Dir geben. Diese Denkweisen bringen Dich mit dem Göttlichen TAO in Verbindung.

Denn je mehr sich Menschwesen mit dem Göttlichen TAO beschäftigen, desto mehr Aufmerksamkeit widmet auch das Höhere Selbst seinem Geschöpf. Umso interessanter wird dieses „Backwerk" aus Körper und Verstand.

Aus diesem Grunde versuchen wir uns hier abermals TAO zu nähern, sowohl dem Göttlichen als auch dem Geistigen.

Das Göttliche TAO

TAO ist das Göttliche sowie das Geistige, mit all seinen Aspekten! Das Geistige TAO sind wir, jeder für sich und alle miteinander.

Das Göttliche TAO: Ist der Ursprung jeglicher Schöpfung, der Kosmen im Großen wie im Kleinen, ist das Universum und die Natur, ist alles Leben in uns und um uns herum – sowohl in diesem Universum als auch in ungezählt vielen anderen.

Was also ist Gott? Ist es nicht blasphemisch vermessen diese Frage überhaupt zu stellen? Können wir uns anmaßen darauf eine Antwort zu geben?

Nun, als TAO, einem Abbild Gottes oder als Göttlicher Funke, will ich es hier und jetzt nochmals versuchen:

Für mich ist Gott weder ein Er noch Sie noch Es. Worte und Begriffe sowie deren Definitionen sind viel zu menschlich, als dass sie Gott gerecht werden könnten. Warum soll ich Gott als ein und alles sehen?

Ein Mono-Gott, wie Allah oder dergleichen, ist aus meiner Sicht reichlich einsam und seltsam. Als einsamer Gott muss er doch tatsächlich auch noch darauf bestehen, dass ihm keine fremden Götter vor die Nase gesetzt werden sollen. Hat der Gott tatsächlich aus Neid, Missgunst und Eifersucht gesagt: "Du sollst keine fremden Götter neben mir haben!"?

Fürchtet Er/Sie/Es die anderen? Welche Gottheiten meint Er/Sie/Es wohl? Fürchtet Er/Sie/Es um seine Macht? Welche Art von Macht? Wem gegenüber?

Zur Machtausübung über die armen Menschlein? Doch wohl kaum! Oder? Gott, der/die/das Allmächtige hat doch so etwas gar nicht nötig! Auf mich wirkt das alles ziemlich ... - na ja!

Gestehen wir Gott doch zu, dass eine Familie und weitere Helfer an seiner Seite stehen. Schon wieder zu menschlich?

Immerhin haben die Christen schon einmal beschlossen: Gott hat einen Sohn und der wurde irdisch von einer Frau geboren, der Mutter Maria, die jetzt im Himmel einen Ehrenplatz einnimmt.

Wer braucht zudem einen rächenden oder einen strafenden Gott? Es ist doch schon Strafe genug, hier auf Planet Erde gefangen zu sein.

Schließlich wirken hier auch noch ganz andere mit, uns das Leben möglichst zu erschweren: Halbgötter, etwa in weißen Kitteln oder solche in schwarzen Roben.

Gott ist ganz sicher weder ein Mediziner, der versucht Gevatter Tod zu besiegen, noch ein Gesetzgeber, Gesetzeshüter oder Moralprediger, die unsicher mit den Begriffen Ethik und Moral jonglieren. Gott hat es sicher auch nicht nötig uns zu kriminalisieren.

Wenn wir jemals harte "Gottesstrafen" erfahren haben sollten, dann waren dies entweder ganz normale, also eben natürliche, oder hausgemachte, tatsächlich selbst verursachte Katastrophen, weitgehend durch menschliches Zutun.

Menschliches, allzu Menschliches oder letztlich doch wieder die Höhe von TAO? Je mehr wir uns Gott annähern, umso weniger aussagekräftig werden die Worte, die wir gebrauchen, um Gott wahrzunehmen, mit all seinen/ihren Facetten.

TAO ist erst einmal pure Selbsterkenntnis im Göttlichen, also in uns Selbst sowie um uns und durch uns Selbst.

Diese Gott-Erkenntnis hat viele Gesichter. Wohlgemerkt - nicht Gott hat viele Gesichter, sondern das Erkennen seines Seins.

Aus einer rein persönlichen Sichtweise, entstanden aus den Erkenntnissen die mir während der vielen Spirituellen Rückführungen der vergangenen Jahrzehnte zugetragen wurden, formuliere ich hier die religiöse (im Sinne von genau und gewissenhaft), spirituelle Anschauung des Göttlichen TAO.

Wer es mag kann darin die Grundlage für eine kosmisch geprägte Religiosität finden. Allerdings soll keiner einzigen irdischen Betrachtungsweise von Religion dadurch der Rang abgelaufen werden.

Denn überall finden wir ein ähnliches Wurzelwerk und hintergründiges Wissen, womit auch ich dann wieder übereinstimmen kann.

So ist es durchaus legitim Gott auch menschlich zu gestalten.

Denn durch diese und ähnliche Abbildungen gewinnt er/sie/es für uns Menschen an Nähe.

Schließlich ist niemandem mit einem entrückten, weit abseits zu findenden Gott gedient.

So spricht er doch zumindest ab und an, über seine Propheten, mit den Menschen.

Wie zumindest berichtet wird oder es geschrieben steht.

Deshalb meine Bitte: Finde Gott einfach bei Dir, finde Dein Göttliches Selbst, finde Dein TAO. Näher als Du selbst kann Dir kein Gott sein.

Mir behagt einfach die Verbindung von Angst und Schrecken mit der Darstellung Gottes überhaupt nicht. Das Göttliche TAO ist garantiert über solche niederen Vorstellungswelten erhaben.

Die Vermenschlichung Gottes hat seine Grenzen dort, wo man ihm/ihr/es fast nur noch menschliche Züge zuordnet.

Diese Art Götter müssen wir oder sie müssen sich selbst dann mit den magisch, mystischen (oder technischen) Fähigkeiten wieder etwas aufwerten.

Die unterschiedlichen und doch sehr ähnlichen Götterfamilien der frühen Neuzeit (keltische, germanische, griechische, indische und alle anderen auf Planet Erde) sind Beispiele hierfür.

Das Göttliche TAO schließt selbstverständlich auch solche „Gottheiten" mit ein, männliche sowie weibliche. Auch diese sind Aspekte von TAO.

Selbst Satan oder der Teufel mit allen dämonischen Heerscharen ist Göttliches TAO.

Diese vorgeblich bösen Gegenspieler Gottes sind ebenfalls nichts anderes als Aspekte der geistigen Schöpfung, zur Gestaltung des "Großen Spiels".

Hierbei finden wir nur eine weitere Ausprägung des dual angelegten universalen Spielgeschehens. Gut und Böse bedingen einander.

Ohne diese Gegensätze gäbe es kein Spiel, kein Gegenspiel, keine dynamische Lebendigkeit im spielerischen Mit- oder Gegeneinander.

In dieser Art und Weise der Anschauung ist Gott das absolut Gute, hingegen Satan das Böse an sich. Diese Betrachtung wird lediglich von uns Menschen so geprägt und mit einem entsprechenden Energiepotenzial aufgeladen.

Das Göttliche TAO umspannt nämlich all diese Aspekte und Betrachtungsweisen. Er/Sie/Es, TAO, ist nun einmal kein Bestandteil des Universum, unterliegt also auch nicht der Dualität.

Gott, als das Göttliche TAO, hat oder ist weder Zeitrechnung noch die Größe von Raum, nicht einmal Unendlichkeit anstelle von Endlichkeit.

TAO "befindet" sich im Sein, "zugleich" außerhalb wie innerhalb des universalen Spielgeschehens.

TAO ist sowohl ein übergeordneter Spieler als auch einer, beziehungsweise alle, der vielen Mit- und Gegenspieler im Reigen der sowohl kosmischen als auch der universalen Geschehnisse.

TAO ist sogar die gesamte Energetik und damit das gesamte energetische "Material" aus dem das Spielfeld gestaltet wurde und noch immer wird.

Dadurch, dass TAO der zeit- und raumlosen, geistigen Dimension (schon wieder falsche Begrifflichkeiten) zugerechnet werden kann, unterliegt es auch keiner zeitlichen oder räumlichen Begrenzung und Beschränktheit.

Der Göttliche Ursprung, der irgendwie ursprüngliche Beginn, die Erschaffung des Universum, ist unmittelbare Gegenwart und dauert einfach immerfort an. In diesem zeitlosen Zustand sind auch wir, als Geistige TAO Wesen, in der Lage erschaffend zu wirken. Gott ist hierbei gegenwärtig gewordene Vergangenheit und Zukunft zugleich.

Unsere postulierten Willensakte oder unsere Wünsche müssen daher immer in der Gegenwartsform erdacht sein.

TAO bietet sowohl den Raum für die Ansammlung von freier Energie als auch die in Form gebrachte Energie, die Materie. Räumlich betrachtet "durchdringt" das Göttliche TAO auch jegliche Materie als Schwingungsqualität.

Alles entspringt der reinen und klaren Energetik des Ursprungs, um Energie sowie Materie werden zu lassen und sein zu lassen.

Die Schwingungsqualität, die jeder Materie innewohnt, deren latente Kraft, ist von TAO so angelegt.

Den Wandel von Entstehen und Vergehen, einem ständigen Vorgang im Universum, finden wir auch in dem Zustand den wir Leben nennen.

Hier heißt der erweiterte Zyklus:

Geburt > Wachstum > Sterben > Tod

Die Betrachtungen zur Wiedergeburt sind danach kein Ablauf in den materielle Bestandteile einbezogen sind. Wiedergeburt ist lediglich das Wiedererwachen der geistigen sowie der energetischen Komponenten.

Gott beziehungsweise das Göttliche begleitet diese Entwicklung durch Raum und Zeit. Er/Sie/Es ist darin zwar vielfältig verstrickt, doch Er/Sie/Es erleidet keine gefühlten Verluste.

Die Gefühle von Verlust und die Angst vor drohendem Verlust sowie die Gefühle Gram, Trauer und Schmerz empfinden nur wir, als vom Lebendigen anoder eingebundenen TAO, im unmittelbaren Spielgeschehen.

Wir "liefern" alle diese Wahrnehmungen gewissermaßen an eine "höhere Ebene" weiter.

Dort bleiben sie dann als Informationen oder als Daten gespeichert.

Gott, das Göttliche TAO, koordiniert uns über das Geistige TAO in dem geistig kosmischen sowie in dem physikalisch universalen Dasein.

Er/Sie/Es bietet aber ebenso zugleich die Möglichkeit des hochwertig „freien Willens" für weitgehend eigenständige Aktionen und wechselseitige Interaktionen - auch mit Ihm/Ihr/Es.

Die berechtigte Frage: „Können wir denn in diesem Göttlichen Miteinander völlig eigenständig sein?", muss ich mit einem klaren: „NEIN!", beantworten. „Wir sind immer eingebettet in die umfassende Anwesenheit des Göttlichen sowie in alle dynamisch ablaufenden Prozesse."

Dies beginnt ursächlich bei den eigenen Betrachtungen mit denen wir uns selbst gefangen halten.
Sodann können wir beobachten: Es wurden und werden uns familiäre, kulturelle und rassische Betrachtungsweisen übergestülpt.
Die dann aus uns selbst heraus wirksamen und aufrecht erhaltenen Denk- und Handlungsmuster, führen zu entsprechenden Prägungen und Zwängen.
Sie wurden zwar teilweise von außen an uns herangetragen, aber schließlich haben wir genau mit denen übereingestimmt.

Es sind Familienbande sowie das sozio-kulturelle Umfeld und die Zugehörigkeit zu Gemeinschaften sowie zu einer Rasse die das Leben beschränkt und ihm Grenzen auferlegt.
Sich aus all dem befreien zu wollen kann ganz schön schmerzen.

Ein Gottesbild, egal welcher Art, kann nun entweder als zusätzlicher Verstärker für all die Beschränkungen benutzt werden oder als befreiendes Element wirken.

Dies hängt ausschließlich von der Entschlussfähigkeit sowie vom eigenständigen Denken und schließlich vom Handeln des Einzelnen beziehungsweise des mittlerweile Vereinzelten ab.
Hierdurch öffnet sich der Weg in die Freiheit der Willenskraft – ganz einfach hinaus zu treten in eine von der Vielzahl der einengenden Betrachtungen freie "Welt der tausend Möglichkeiten".

Der wahre Gott ist selbstverständlich völlig frei und lässt uns ebenfalls frei sein, von all diesen Denkschematas. Ihm zuzustreben, die Verbindung zu finden, von TAO zu TAO, ist der kürzeste Weg in die Freiheit.

Das Ziel besteht darin: In vollkommene Übereinstimmung mit dem Göttlichen TAO zu kommen. Ohne Wenn und Aber, ohne Bewertung und Abwertung, ohne jegliche Kritik, im Göttlichen TAO zu verschmelzen.

Wobei, wie wir nun wissen, der uns nächste Gott nichts anderes ist, als unser eigenes "Höheres bis Höchstes Selbst" - TAO über TAO.

Das Göttliche TAO, unser aller Ursprung, ist reine Liebe, reines Licht und reine Energetik.
Nicht Liebe, Licht und Energie wie Menschen dies kennen, sondern in seiner reinsten ursprünglichen Art und Weise.
Jegliche Art von Energie mit der wir derzeit umgehen ist in irgendeiner Weise „unrein".

Die Ursubstanz des Geistigen finden wir dennoch in allem und jedem, das wir sind und das uns umgibt.

Würden wir uns auf diesen unseren Ursprung ohne jeden Zweifel besinnen, ihm angehören, hätten wir auch die ursächliche Schöpferkraft wieder.

Wir könnten auf all diesen zivilisatorischen, technischen Schnickschnack einfach verzichten.
Sogar Essen und Trinken wären überflüssig, weil unsere Körper dann einen feinstofflichen Zustand annehmen würden.

Stelle Dir von Dir selbst vor:

"Ich bin Gott in reiner Liebe.
Ich bin Gott in reinem Licht.
Ich bin Gott in reiner Energetik."

Stelle Dir dies immer und immer wieder vor, halte Dich beständig in diesem Zustand, bei jeder Gelegenheit in Deinem Leben.
Es wird sich nicht nur Dein Leben entscheidend verändern sondern auch Dein Erleben und die Wahrnehmung zu Deiner Umgebung.

Wir können uns auf diese einfache Art und Weise aus den niederen Bedürfnissen zum Überleben geradezu hinaus katapultieren.

Wir, das TAO das wir sind, gelangen damit in einen transzendierten, wesentlich erhöhten geistigen TAO-Zustand, bis hin zum Göttlichen TAO.

Was sind denn die wehrhaften, sich tatsächlich gegen eine Verbesserung immer wieder wehrenden, Barrieren und Blockaden in unserem Leben?

Sie bestehen aus dem fortgesetzten Protest mit andauernder Kritikhaltung, aus Unzufriedenheit und Zweifeln, aus Ängsten vor Verlusten, aus Trauer und Schmerz, aus Groll, Hass, Wut, Neid und Missgunst gegen die Göttlichen Empfindungen von Liebe, Licht und Energie.

Wehrhaft sind solche Barrieren und Blockaden nur deshalb, weil wir die darin enthaltenen Denkweisen, Emotionen und Gefühle ständig selbst aufrecht erhalten müssen, um nicht vom Göttlichen, das wir selbst sind, überrascht zu werden.

Für gewisse, negativ wirkende Mächte, vorgeblichen Machthabern, könnte ja die Gefahr bestehen, dass wir wieder erkennen wer oder was wir wirklich sind.

Mit einem Fall der Barrieren ist sogar unser Wahlpartner, der hilfreiche Körper inklusive dem Gehirn mit seinem Nervensystem, der gemeinhin als Lebensform bezeichnet wird, nicht einverstanden.

Dieses Körpersystem wird nämlich ständig unterschwellig beeinflusst. Ihm wird, unter anderem per Informationstechnik (hauptsächlich über Werbung und die Darstellung in Filmen und im Fernsehen) seine Wichtigkeit überhöht dargestellt und dadurch der Kampfeswille gegen die Beseelung eingepflanzt.

Daraus ergibt sich die irrige Anschauung: „Ich bin selbst lebensfähig genug. Ich brauche keine Seele zur Unterstützung." Davon gehen sogar einige Vertreter der Gesundheitssysteme aus.

Deshalb versucht diese lebendige Art erst einmal unseren Verstand zu überzeugen, dass wir unbedingt getrennt bleiben müssen, um angeblich eine Katastrophe, wie geistige Krankheiten oder sogar den Tod, zu verhindern.

Aus falsch verstandenem Mitgefühl oder dergleichen schließen wir uns zeitweilig dieser Auffassung an, per unserem analytisch denkendem Verstand.

Zumal wir miteinander vor langer Zeit einmal selbst beschlossen hatten, uns dem Dasein von Lebewesen zuzuordnen.

In diesem Miteinander wollten wir erfahren und empfinden, uns all den heftigen Gefühlen hingeben, die wir als Geistige Wesen so nicht wahrnehmen konnten. Dadurch sind wir jetzt unter anderem im Menschsein gefangen oder ebenfalls im Dasein von anderen lebendigen Wesen.

Wir halten uns selbst darin fest, krallen uns regelrecht in das Leben. Offenbar hat sich nämlich dieses Lebewesen damals auch einen Geistpartner gesucht. In uns hat es ihn gefunden.

Das Lebendige liefert uns seitdem Glaubenssätze mit mehr oder weniger plausiblem Inhalt. Diese ergeben sich aus den so genannten Erfahrungen, die das Leben macht.

Erst durch das Hinterfragen, analytisch über den Verstand oder intuitiv als Geistiges Wesen, stellt sich bald schon heraus, wie schräg und widersinnig solche Glaubenssätze oftmals sind.

Manchmal sind sie einfach nur total überholt. Sie haben sich zum Beispiel in der Kindheit (oder in früheren Leben!) gebildet und wirken noch im Leben von Erwachsenen obwohl sie hier völlig unangebracht sind. Doch ihr energetisch geprägtes Überlebenspotenzial ist noch unglaublich stark aufgeladen.

Erst das Entladen, beispielsweise durch Nichtbeachtung (ist wenig sinnvoll) oder durch Konfrontation (schon besser) und Umprogammierung (ideal), wie mit Spirituellen Rückführungen, löst diese Glaubenssätze auf.

Wir finden heraus: Der Kern eines jeden Menschen ist gut!

Das zeigt sich besonders in Notsituationen, wenn die TAO-Seele, also das „Höhere Selbst, sich machtvoll Bahn bricht, um zu helfen.

Solche Gemeinschaftsgefühle entsprechen dem Göttlichen eher, als ein sich selbst überhöhendes Ego im Individualismus.

Allerdings ist gerade das Individuum, das wir hier als TAO sind, in der Lage sich aus dem verrückt machenden Umfeld zu befreien, in dem wir alle uns hier auf Planet Erde befinden. Nur TAO ist stark genug Veränderungen zu verursachen und Göttliche Denkweisen in die Gesellschaft hinaus zu tragen.

Gott, das Geistige sowie das Göttliche TAO, tritt über das Denken, Sprechen und Handeln von Menschen in Erscheinung. Ich, TAO, stelle fest, für mich felsenfest, weder Poly-Gottheiten noch eine Mono-Gottheit entsprechen der Wahrheit des Göttlichen.

Das Dasein des Göttlichen TAO übersteigt unser aller Vorstellungsvermögen, besonders dann, wenn wir uns ihm allzu menschlich nähern.

Und dennoch: Der Gott, der auch Du bist, hat vollständige Wahrnehmung zum Göttlichen. So gibt es keinen Gott außer Gott, kein TAO außer TAO.

Vom Anbeginn der Zeit (Fehler: Noch von davor!) haben wir uns in Überlieferungen erhalten, was sich in allen religiösen Anschauungen niederschlägt.

Dies sind die Ideen von:

> unabdingbarer Liebe und Glückseligkeit

> liebevoller Gemeinschaft, wie Hilfsbereitschaft und Gastfreundschaft

> der Bewunderung, als Sinn für Schönheit, Ordnung und Ästhetik

> ethischem Empfinden, zur Wahrung der Göttlichkeit, im Miteinander wie für sich selbst

> der Heiligung, als vollkommene Heilwerdung (körperlich, geistig und sozial)

> der Schaffung und Erschaffung im Kleinen wie im Großen

> der Verbundenheit zur Geistigen Welt, zu allen Geistigen Wesen und schließlich zum Göttlichen.

Alle diese Vorstellungen resultieren aus unserem ursprünglichen Dasein, dem Göttlichen TAO, das wir einst waren und noch heute sind.

Denn wir sind TAO, wir sind die Seele, der Göttliche Funke, Ebenbild des Göttlichen.

Als das Geistige TAO-Wesen tragen wir die volle Verantwortung!

Wir haben mit der Erschaffung des „Großen Spiels" Verantwortung übernommen, sowohl für unser eigenes Leben und Erleben als auch für das der anderen.

Menschen, Tiere, die Natur und das gesamte Universum sind in unserer Obhut, stehen unter unserem Schutz.

Wir sind selbstverständlich auch und besonders verantwortlich für den eigenen Körper, den eigenen Geist oder Verstand, also unser umfassendes Wohlergehen.

Unsere obersten Maximen (Leitsprüche) eines selbst auferlegten Codex sind:

> **Schutz:** Der liebevolle Schutz der Würde des Lebendigen und der Existenz aller in TAO geführten Wesenheiten und Seinszustände. Dazu zählen alle irgendwie gearteten Lebenseinheiten in unserem Universum (energetische, mineralische, pflanzliche, tierische, menschliche und mögliche andere). Wir wissen: **Alle Wesenheiten unterstehen unserem Schutz.**

> **Ordnung:** Wir verpflichten uns zu Ästhetik, Ordnung und Hygiene. Zuerst in Bezug auf den eigenen Körper, dann auf Kleidung und Hausrat, darüber hinaus auf die jeweils unmittelbare Wohn- und Lebensumgebung sowie schließlich auf alle Stationen auf unseren Wegen.

> **Weitergabe:** Diese hohen Prinzipien von Ästhetik, Ordnung und Hygiene vermitteln wir selbstverständlich ebenso unseren Kindern, den Ehepartnern, Lebensgefährten, Freunden, Bekannten und den uns begleitenden Tieren.

> **Verantwortung:** Wir übernehmen damit auch eine enorm weit gefasste Verantwortung für den sparsamen, ordnungsgemäßen und sinnvollen Umgang mit dem Nutzen, dem diese dienen können (ob als Energieträger, Baumaterial, Kleidung, Nahrung oder ähnlichem).

> **Verstehen:** Deshalb üben wir Respekt, Verständnis und Verstehen gegenüber allem und jedem. Unser allem dienendes Wohlwollen sollte niemals nachlassen, auch wenn wir einmal meinen sollten, durch unsere Mitwesen ungerecht behandelt oder gar verletzt worden zu sein.

Die oberste Prämisse (Voraussetzung) sei, bei all unserem Denken, Sprechen und Handeln:

Fortwährende, unabdingbare Liebe.

Denn ausschließlich die tief empfundene Liebe, in ihrer reinsten Form, entspricht unserem Göttlichen Sein.

Wir achten damit sowohl die kosmische Ordnung als auch den Wandel, sogar in einem Chaos; denn daraus gestaltet TAO, gestalten wir, immerwährend Neues.

Materie, Energie, Zeit und Raum, in egal welcher Ausprägung sind für uns und mit uns vereint.

Denn wir waren einmal und sind noch heute die Erschaffer und die Gestalter des „Großen Spiels".

In diesem Sinne: Lasst uns mit Freuden spielen, lasst uns, jeder für sich oder im Miteinander, dem Spielgeschehen einen hochwertigen TAO-Sinn geben.

Als die TAO-Seele, die wir sind (niemals haben!), sollten wir bestrebt sein, uns gegenseitig zu helfen. Denn nur im Miteinander erlangen wir die Meisterschaft im "Großen Spiel".

TAO, der Göttliche Ursprung, erwartet uns!

Wiedergeburt in TAO

Nachdem wir alle körperlich wiedergeboren werden, brauchen wir sowohl die neuerliche Erkenntnis als auch die geistige Führung, um wieder vollständig sein zu konnen, im Selbstbewusstsein leben zu dürfen, TAO, das Geistige Wesen, zu sein.

Als religiös spirituelle Maßnahmen dienen hierzu die Spirituellen Rückführungen.

Im Verstand der Leute wird damit aufgeräumt. Nicht nur psychische sondern auch psychosomatische Erscheinungen werden von den Rat- und Hilfesuchenden energetisch entladen und verschwinden mit der Zeit wie von selbst.

Es erfolgt Heilung und Heiligung, bei zunehmendem Kontakt mit dem eigenen Selbst.

Die Selbst-Erfahrung, die Selbst-Erkenntnis und die Selbst-Findung im Geistigen sowie im Göttlichen TAO sind die Ziele.

Frieden, oder zumindest Zufriedenheit, sowie Wohlstand, Wohlbefinden und Harmonie, in Ethik und Ästhetik, sind oberste Prinzipien von TAO.

Aus persönlicher Anschauung heraus und aus den Erkenntnissen als Druide des TAO, die mir im Laufe der vielen Spirituellen Rückführungen der vergangenen Jahrzehnte zugetragen wurden, formuliere ich sowohl im Vorangegangenen als auch im Folgenden die spirituellen Sichtweisen von TAO.

Wer möchte, kann darin die Grundlage für eine kosmisch geprägte Spiritualität finden.

Allerdings nochmals, es soll keiner einzigen Betrachtungsweise von Religions- und Glaubensgemeinschaften dieses Planeten damit der Rang abgelaufen werden.

TAO ist nämlich keine Religionsgemeinschaft im herkömmlichen Sinne.

TAO ist nur der Versuch einer geistigen Schau, um enge Grenzen irdischer Dogmen zu sprengen, um Blickwinkel zu eröffnen.

Eine "Welt der tausend Möglichkeiten" bietet sicherlich mehr lebendiges Dasein als irgendeine ausgetretene Spur von Vorläufern, der möglichst viele Anhänger von organisierten Religionen meinen, stur folgen zu müssen.

Allerdings: Das Gehen abseits der altbekannten Pfade birgt auch Risiken und Unwägbarkeiten, vielleicht sogar neue Gefahren. Dessen sollten wir uns immer bewusst sein.
Doch genau dieses bewusste Sein ist die ideale Wahrnehmung für das Hier und Jetzt.

Deshalb:

Scheut kein Risiko!

Das einzige was ihr verlieren könnt ist ein „paradiesisches" Lebensdasein in Bequemlichkeit und in Sicherheit, ein Leben ohne Höhen und Tiefen. Ist das wirklich Leben?

Durch das Erleben kosmischer Größe und Verbundenheit, fällt es uns von Mal zu Mal leichter dem irdischen Dasein den Stachel zu nehmen.
In Zufriedenheit, Freude, Wohlergehen und Wohlstand begeben wir uns auf den Weg zum Glücklichsein, zur Glückseligkeit, zu einem Glücksgefühl das wir in jedem Augenblick wahrnehmen können, im Hier und Jetzt.

Wie bereits erwähnt, wenn ich von kosmisch geprägter Spiritualität spreche, so meine ich den tatsächlichen Urgrund aller Religionen, der ganz sicher nicht von dieser Erde ist.
So wie auch wir, keiner von uns, ursprünglich irdisch sind. Einige sind nur schon etwas länger hier und fühlen sich dadurch vermutlich heimischer.

Wir alle sind Reisende durch Zeit und Raum, mit jeweils kürzeren oder längeren Aufenthalten in unterschiedlichen Körpern.

Auf den vielen, vielen Welten, die wir auf unserer Reise bereits kennengelernt haben, gab es mindestens ebenso viele Religionsformen.

Doch alle hatten sie einige wenige, ursprüngliche Gemeinsamkeiten. Alle diese Religionen können auf einige wenige Urformen zurückgeführt werden.

Die wohl wichtigste Urform davon ist: Das Zusammenfinden in erlebbarem Miteinander, in der Gemeinsamkeit von Übereinstimmung mit einer weitreichend gültigen Ausrichtung.

Nochmals, auch zum Verständnis für jene die glauben immer dagegen sein zu müssen:

TAO ist zwar religiös, hat aber keine herkömmliche Religionsform. Es hat keine Hierarchie, kein Oberhaupt, keinen übergeordneten Vater oder Sohn oder eine Muttergöttin. Alle „Gottheiten" sind uns gleichgeordnet.

Denn wir sind ohne Raum und ohne Zeit, aus uns selbst heraus, dem Geistigen TAO, mit dem Göttlichen Ursprung, dem Göttlichen TAO, dauerhaft verbunden.

TAO ist der Freund aller Religionen, in ihren aus dem Lateinischen stammenden Bedeutungen:

Sowohl „religio" die gewissenhafte Berücksichtigung oder Sorgfalt als auch „relegere" für achtgeben oder bedenken.

Ursprünglich soll wohl damit der eher moralische Grundsatz gemeint sein: „Die gewissenhafte Sorgfalt durch Menschen, in der Beachtung von Vorzeichen und Vorschriften."

TAO übt grundsätzlich den respektvollen Umgang mit all den vielen, wahrhaftig allen, irgendwie religiösen Betrachtungsweisen.

Nachdem wir wissen wie viele, ungezählte Variationen das "Große Spiel", mit all den Verhaltensweisen und Varianten in dem nun schon sehr lange ablaufenden Spielgeschehen, hervorgebracht hat, ist jegliche Glaubensform letztlich doch wieder mit TAO verbunden, dem Geistigen sowie dem Göttlichen.

Dies ist nicht gleichzusetzen mit dem Abstandgeber: "Toleranz gegenüber von", sondern es ist vollständig unvoreingenommenes Verständnis und Verstehen für Betrachtungsweisen und Standpunkte im "Großen Spiel".

Selbst Wesen die von sich behaupten ohne ein Göttliches Miteinander bestehen zu können oder zu wollen, sind für TAO-Wesen nur eine von vielen Spielarten im Dasein.

Ob jemand einen speziellen Gott oder mehrere Götter anbetet, ob er nur sich selbst vergöttert oder das Materielle, Geld und Gut, ...!? Jedermann ist TAO, ist unser gleichwertiges Miteinander.

Das "Große Spiel", des geistigen Kosmos sowie des universalen Lebens, schließt niemanden aus, wirklich niemanden.

Wir unterscheiden uns nur in den Spielarten sowie in den Spielfeldern, in selbst- oder fremdbestimmten Regeln und in den jeweiligen Absichten. Ansonsten sind wir TAO, ohne Wenn und Aber.

Wer mit diesen Denkarten übereinstimmen kann ist herzlich eingeladen, mit mir gemeinsam den Weg der Druiden des TAO zu beschreiten.

Negativ wirkende Energien resultieren lediglich aus den Übereinstimmungen mit ganz persönlichen Blockaden und allerlei karmischen Verknüpfungen.

Damit wollen wir uns entweder selbst klein und unscheinbar machen, uns vor etwas verstecken, beziehungsweise wir sollen durch andere klein gehalten werden.

Lasst uns jetzt gemeinsam mit **MUT**
Machtvolle **U**nbezwingbare **T**atkraft
hinausgehen und den Sumpf niederer Emotionen verlassen.

Die Spirituellen Rückführungen helfen uns definitiv dabei vielerlei Erkenntnisse, Wirklichkeiten und Realitäten zu gewinnen, sowohl für unser Dasein in einer Vergangenheit als auch für das Dasein im Hier und Jetzt, der unmittelbaren Gegenwart, und schließlich für das Dasein in einer nahen sowie ferneren Zukunft.

Göttliches TAO,
den Göttlichen Ursprung,
den Zugang zu unserem ureigenen Selbst,
finden wir letztendlich über völlig bewusst machende, religiöse Maßnahmen.

Ein effektives Angebot hierfür sind die Spirituellen Rückführungen.

Der Geist des Spielens

Wir, als die Kinder der Wiedergeburt, haben unseren Ursprung im Göttlichen TAO. Erst der Spielverlauf hat uns über die lange Distanz zu dem gemacht, als das wir uns heute darstellen.

Die Verbindung zu dem Lebendigen, das nur ein anderer Aspekt des Geistigen ist, widerfuhr uns erst auf der Spiel-Ebene, die Leben in verschiedenen Formen hervor brachte.

Hier ereilte uns spielerisch das Schicksal mit dem „Rad des Lebens", dem wir uns selbstverständlich selbstbestimmt zuordneten.

Wir verflochten uns immer mehr zum Leben hin. Dabei nahmen wir bewusst, zumindest vorübergehend, einige unserer Fähigkeiten zurück. Dies unter anderem deshalb, um dem Spiel mehr Schärfe und mehr Spielfreude zu verleihen.

Seitdem gibt es die Verbindung von Körper-Geist-Seele als funktionsfähige Einheit.

Im nun Folgenden versuche ich möglichst verständlich zu erläutern, wie das erst geistig-kosmisch gestaltete „Große Spiel" entstand und was unsere Rolle darin ist:

Als klare und reine, von Liebe, Licht und Energetik, dem Göttlichen TAO, hierher getragene Spielgeister sind wir in einem vorerst geistig geprägten Kosmos angetreten.

Wir, zumindest die TAO-Geister der „ersten Stunde", die Konstrukteure, wurden vom Göttlichen TAO ausersehen ein neues kosmisches Spiel zu erschaffen. Wir haben uns, per Versuch und Irrtum und neuerlichem Versuch, die Spielbasis selbst gestaltet: Das bipolare, dreidimensionale, physikalische Universum.

Dies ist nicht zu verwechseln mit dem Kosmos, der besonders das Geistige beinhaltet.

Auch die Gesetzmäßigkeiten, für die Voraussetzungen eines spielbaren Spieles, haben wir auf die gleiche Art und Weise geschaffen.

Zu jeder Zeit und an jedem Ort muss uns bewusst sein:

Wer seinen ursprünglichen Spielgeist verliert hat verloren, noch bevor sein Spiel richtig begonnen hat.

Jegliche Spielmöglichkeiten der unterschiedlichsten Arten und Weisen wurden von uns selbst erschaffen, um die Vielfalt des universalen Spielfeldes sowie der kosmischen Spielvorstellungen voll auskosten zu können.

Theoretisch wären wir immer noch fähig, alle Varianten des ursprünglich auch noch geistigen Erlebens zu spielen. Praktisch jedoch haben wir selbst uns etliche der vielen Möglichkeiten verbaut. Mit der eindeutigen Absicht, das Spiel immer noch ein bisschen interessanter zu gestalten.

Jedoch besonders hier, auf dem Planeten Erde, begeben wir uns bis in die so ziemlich tiefsten Niederungen, des von Lebenseinheiten Erlebbaren.
Wir binden uns hier hauptsächlich in das Lebensgefühl von Menschen, seltener in das von Tieren oder Pflanzen.

„Erleben und Erlebtes leben", so hieß unsere ursprüngliche Devise, wobei uns allzu häufig die Notwendigkeiten des Überlebens einholten.

Wir landeten dadurch in einem wenig befriedigenden Zustand fremdgesteuerter, externer Führung, einem uns TAO extrem unangenehmen: „Durch andere gelebt werden."

Hier und heute verlieren wir uns zudem zunehmend im organisierten Nichts der weit verbreiteten Schreibtisch-Schwindler und im destruktiven Tun der Wertezerstörer.
Objektiv oder subjektiv zu erkennen, wer oder was die Schreibtisch-Schwindler sind, sei Euch selbst überlassen.
Destruktive Wertezerstörer lassen sich sicher noch leichter feststellen.

Wobei auch alle diese anscheinend fremden Einflüsse letztlich nichts anderes sind, als Aspekte unserer eigenen, ursprünglich ursächlichen Betrachtungen.

Als positiv wirkendes, strategisches Zwischenziel sollten wir uns hier hinstellen:

Je hochwertiger ein Spiel ist, desto höher schwingt sich TAO, die Seele, hinauf.

Die Spiele der unteren Spiel-Ebenen ziehen Leute in niedere Emotionen hinein.
Das Entkommen davon, wird den (uns) dort (oder hier) bereits angekommenen Wesenheiten zusätzlich erschwert.
Auch dieser fortwährend abwärts gerichtete Strudel des Absturzes ist ein selbst konstruierter Vorgang; allerdings mit, aus heutiger Sicht, geradezu „perversem" Spielcharakter.

Es liegt ausschließlich an uns selbst, ob wir das jeweilige Spiel unseres eigenen Lebens mit einer möglichst hohen oder mit einer niederen Schwingungsqualität ausstatten.

Wir sollten uns dabei immer bewusst bleiben, dass wir sowohl durch unsere Taten als auch durch unsere Unterlassungen selbst die Regie in unserem Leben führen.

Oh ja, selbstverständlich wirkt sich ebenso das, was wir <u>nicht</u> selbst tun auf den gesamten Spielverlauf mit aus und ... wir setzen auch dafür eigenverantwortlich die Ursachepunkte.

Denn auch das Wegschauen und etwas Zulassen, was nicht unmittelbar von uns selbst ausgeht, wirkt auf das gesamte Spielgeschehen ein.

Je bewusster wir uns sind oder wieder einmal werden, umso leichter fällt es uns schließlich das Spielgeschehen als solches zu akzeptieren, letztendlich wieder zu steuern.

Wir sind nämlich tatsächlich, die allem übergeordneten Spielführer, die Regisseure für die ständig ablaufenden Dramen sowie für die Lustspiele oder die kleinen, täglichen Geschehnisse.

Als Regisseure können wir nicht nur lenken, wir sind sogar berechtigt und in der Lage, das Drehbuch völlig neu zu gestalten.

Unser Einfluss erstreckt sich dabei tatsächlich auf jegliche Kleinigkeit, bis hin zu dem Stolperstein auf der Straße.

Allerdings macht es nun wirklich keinen Sinn, sich um jedes und alles kümmern zu wollen.

Gute Spiele leben schließlich ganz besonders auch von den offenen Räumen die man ihnen lässt.

Du selbst, sowohl als Mitspieler als auch als Gegner, fühlst Dich wohler, wenn Möglichkeiten für eigene Variationen eingeräumt bleiben.

Deshalb fühlen sich etliche, besonders freiheitsliebende Menschen in diktatorisch geführten Staaten eingeengt.

Deshalb flüchten sie aus der Enge, sogar unter Einsatz ihres Lebens.

Wir dürfen auch hier, wie überall, niemals außer Acht lassen: Ob als Mitspieler oder als Gegner, alle sind Aspekte eigenständiger Geistiger Wesen, sowohl von sich Selbst, als auch von anderen Spielgeistern, mit derem ureigenen Bedürfnis ein Spiel haben zu wollen.

Der Sinn eines Spieles besteht insbesondere darin, dass Ziele erreicht und/oder sinnvolle Produkte geschaffen werden, und ganz wichtig:

Jeder Ablauf eines Spieles muss Freude bereiten.

Die Fahne für den Faktor Freude oder auch billigeren Spaß sollten wir zu jeder Zeit hoch halten, damit sie sich auf irgendeine Art und Weise in möglichst vielen Bereichen des Lebens auswirken dürfen.

Dabei stehen unwägbare oder einengende Regelwerke dem Vergnügen am Spiel direkt entgegen.
Wobei zu freizügige, völlig grenzenlose Spielregeln, Spiele auf Dauer langweilig machen.

Was aber wiederum weitere, etwas anders gerichtete, nun wieder anregendere Spielfaktoren auf den Plan rufen kann.

Extrem streng verfestigende, überzogen ernsthafte Regelungen wirken geradezu tödlich, sowohl für das Spielgeschehen als auch manchmal tatsächlich für einige Teilnehmer am Spiel.

Wer trotz verrückt machender Vorschriften, normativen Moralbegriffen, sowie zu engen, damit mehr und mehr kriminalisierenden Gesetzen und Verordnungen, zumindest vorübergehend etwas Vergnügen am Spielgeschehen haben möchte, der sollte sich kurzzeitig und aus freien Stücken an den Rand des Spielfeldes begeben oder sich auf eine Art Tribüne stellen.

Von hier aus kann er jetzt dem irren Treiben der Anderen mit entsprechender Toleranz (Abstand) zusehen.

Aber Achtung: Dort draußen können auch solche schlimmen Leutchen stehen, die Outsider, denen man es aus bestimmten Gründen irgendwie verwehrt hat, am Spielgeschehen teilzunehmen.

Das schon viel früher im Universum, aber auf der Erde besonders zur Zeit der alten Römer betriebene Prinzip von „Brot und Spiele", speziell zur Ruhigstellung der Bevölkerung, hat Wesenheiten sowie Menschen in großer Zahl zu einfachen Zuschauern degradiert. Wie schon angedeutet gab es solche Maßnahmen auch schon sehr viel früher, noch vor den Römern und nicht unbedingt auf unserem Planeten.

Hier und heute (besonders in deutschen Landen) heißt das so ziemlich perfekt ausgeklügelte, staatlich eingeführte System zur Aufrechterhaltung von sozialer Ruhe: „Hartz und soziale Grundsicherung und Sportsendungen (Fußball, Tennis, Golf, Autorennen oder ...)".

Wer einmal in das Fangnetz der „sozialen Sicherung" gerät, hat es allerdings verdammt schwer sich wieder daraus zu befreien.

In den USA gibt es dieses System so nicht. Dort fehlt weitgehend das „Brot", die sozial dämpfende, finanzielle Absicherung.

Deshalb sind dort die Gefängnisse voll von kriminalisierten Leuten, die versucht haben, auf andere Art und Weise ihren Lebensunterhalt zu sichern.

Übrigens, als „Outsider" spielen die Leute dort draußen (im Stadion oder vor den Bildschirmen) ihr eigenes, kleines Spiel.

Sie betätigen sich als mehr oder minder kritische Beobachter. Bestenfalls wirken sie als die Spieler anfeuernde Fans, die in ihrer Vielzahl schon wieder eine Art „Insider" darstellen.

Diese Variante im Spielgeschehen soll ohne Zweifel als ausgesprochen wichtig (gewichtig oder schwer bis schwierig) angesehen werden.

Denn, diese aufgebauschte Wichtigkeit wird von gewissen Machthabern genau so gewünscht.

Als einfach nur Ruhesuchende sollten wir uns von solchen Pseudoaktivitäten fern halten, uns nicht einfangen lassen.

Wir sollten, nach Möglichkeit, den dort „draußen" herrschenden Spielvorgaben nicht erliegen.

Deren Regelwerk beruht auf Abgrenzung bis hin zur gewalttätigen Intoleranz.

Es macht uns nämlich dämlich und krank sowie ebenso starr und unbeweglich wie die bereits eingefangenen Zuschauer-Persönlichkeiten.

Unsere breit gefächerten Spielmöglichkeiten können wir auf acht Spielebenen oder Spielstufen darstellen:

8) Göttlich
7) Geistige Wesen
6) Physikalisches Universum
5) Lebewesen
4) Menschheit
3) Gruppen
2) Familienbande
1) Ego (mit den noch tiefer absteigenden Stufen Egoismus und Egozentrik).

Paradox erscheint: Je vielfältiger die Möglichkeiten im Spiel auf den immer höheren Ebenen sind, auf denen wir spielen, je schwieriger sie anderen erscheinen, umso großartiger werden unsere Befähigungen im „Großen Spiel", umso leichter sind die Spielbedingungen niederer Art und Weise zu bewältigen. Wir übernehmen im Spielgeschehen zwar immer mehr Verantwortung für immer komplexere Aufgaben, agieren damit aber zugleich auch als immer fähigere, ganzheitlichere Wesenheiten.
Wir nähern uns, im Erkennen als Geistigem TAO, immer mehr unserem eigentlichen Göttlichen Selbst.

Das „Große Spiel", des Kosmos, des Universum sowie des Lebens, stützt sich seit Anbeginn auf TAO-Wesenheiten, die bereit und in der Lage sind, über alle Spielebenen hinweg Bewusstsein für ihre Verantwortung zu entwickeln.

**Die wahre Größe von Geistigen Wesen
beweist sich im
ethischen Spielverhalten
und an der Spielfreude
auf möglichst allen acht Ebenen.**

Unsere wahre geistige Größe bemisst sich demzufolge:

An der zunehmend immer ausgeprägteren Befähigung zur Bewältigung von Spielsituationen, und zwar auf möglichst vielen Ebenen gleichzeitig.

Sowie

An der Akzeptanz für all diese Spielebenen unter dem alles überspannenden „Gewölbe" von TAO, dem ursprünglichen Göttlichen Selbst, unser alle Ursprung.

**„Wirklich große Menschen
haben ein eigenartiges Gefühl,
dass die Größe nicht in ihnen ist,
sondern durch sie geschieht."**

John Ruskin (1819-1900), engl. Schriftsteller

**„Wollte der Mensch immer nur
ernst und fleißig sein und nicht auch dem
Spiel sein Recht geben, so würde er ohne es
zu merken entweder von Sinnen kommen
oder ganz schlaff und müde werden!"**

König Aramis (570 - 526 v.Chr.)

**„Durch zu großen Ernst
verscherzt man sich das ganze Leben!"**

Autor unbekannt

Die Ebenen
der Geister

Acht Ebenen

Diese 8 Ebenen haben sich meinen Freunden und mir in sehr vielen Spirituellen Rückführungen immer wieder einmal erschlossen.

Sie entsprechen uns alle durch und durch. Doch wir, als das dem übergeordnete Selbst, fühlen uns vollständig und damit heilig besonders in den beiden oberen Bereichen: Göttliches TAO und Geistiges TAO.

Jedoch sind wir dem Vergessen anheim gefallen, dass wir die Schöpfer allen und jeglichen Seins sind. Wir müssen uns unbedingt wieder klar sein: Ohne auch die Verantwortung für die unteren Ebenen zu übernehmen, bleiben wir dennoch unvollständig.

All die im Folgenden beschriebenen Ebenen haben wir im Laufe von Äonen als erst kosmische und dann universale Spielfelder geschaffen, um ein, im wahrsten Sinne des Wortes, universales Spielgeschehen zu entwickeln und dieses immer interessanter zu gestalten.

Bei der Erkenntnis bezüglich dieser Ebenen geht es keineswegs darum, uns von den unteren Ebenen zu lösen. Vielmehr sollen wir dieses einmal geschaffene „Große Spiel" begreifen, als solches lernen es zu akzeptieren.

Wir müssen für alle Spielelemente und -situationen Verantwortung übernehmen, ohne es insgesamt allzu ernst zu nehmen, also ohne die Freude und den Spaß daran zu verlieren.

Denn, je mehr übertriebene, geradezu schwerwiegende Ernsthaftigkeit wir dem spielerischen oder verspielten Geschehen in vielfältig gestalteten Spielfeldern beimessen, desto unbeweglicher, erstarrter, irgendwie versteinert werden wir letztlich sein. Diese Versteinerung entspricht uns, TAO, den Geistigen Wesen, absolut nicht. Vielmehr sind wir alle, von unserem Göttlichen Ursprung her, leuchtende, lichte Wesen mit ausgeprägt spielfreudiger Leichtigkeit.

Wir uralten Geistigen Wesen, die wir über unser Menschsein hinaus sein können, definieren uns über acht Ebenen hinweg.

Diese „Ebenen der Geister" erstrecken sich von jedem Individuum selbst aus, als menschliches oder auch als nichtmenschliches Ego, sowie über alle seine, die Ebenen umspannenden Verbindungen, bis hin zum Göttlichen TAO.

Das „Große Spiel", vorrangig das kosmische und im Nachzug das universale sowie später das des Lebens, stützt sich seit Anbeginn auf TAO-Wesenheiten, die bereit und in der Lage sind, über alle acht, bedeutenden Spielebenen hinweg Verantwortungsbewusstsein zu entwickeln.

Die wahre Größe von Geistigen Wesen beweist sich im ethischen Spielverhalten und an der Spielfreude auf möglichst allen acht Ebenen.

„Etwas Gescheiteres kann einer doch nicht treiben in dieser schönen Welt als spielen. Mir kommt das ganze Leben vor wie ein Spiel."

Henrik Johan Ibsen, norwegischer Dramatiker und Lyriker

Spiel-Ebene 8:

Das Göttliche TAO

Unser aller Ursprung ist beim Göttlichen. TAO das Göttliche ist kein Bestandteil des von uns geschaffenen Spielfeldes, des physikalischen Universum.

Das Göttliche TAO durchdringt dennoch bis ins Kleinste alle nur möglichen, von Ihm/Ihr/Es in Szene gesetzten, Universen.

In Liebe und Licht durchdringt das Göttliche alle nur möglichen Universen im „All" (das über die vielen Universen hinausgeht).

Die Durchdringung überträgt sich auch auf jegliche Geistigkeit.

Deshalb können selbst wir, tief im Ego verhafteten Wesen, von uns behaupten mit dem Göttlichen TAO verbunden zu sein. Wir sind TAO, der Göttliche Funke im MenschSein, die vom Göttlichen ausgesandte Seele.

In enger Verbundenheit mit dem als „vereinigt" wahrnehmbaren **Göttlichen TAO**, mit dem Ursprung, erleben wir kein „Spiel", so wie wir es zur Zeit kennen. Im Göttlichen Sein sind wir völlig losgelöst von jeglicher materiellen oder auch immateriellen Befangenheit. Wir sind an keinerlei Dimensionen gebunden.

Unser „Zustand" auf dieser Ebene, die man nicht einmal als solche bezeichnen sollte, ist "die höchste Liebe" in absoluter Reinheit der lichten Energetik.

Wir „erstrahlen" in der „Gemeinschaft der Vielen" als ebenso Göttliches TAO-Wesen im energetisch hochwertigen Lichte der klarsten Energetik.

Mehr kann und will ich dazu vorerst nicht schreiben, denn bei dem Göttlichen TAO versagen sämtliche Begriffe. Alle Worte, so wie wir sie verwenden, haben keinen Wert, weder dort noch hier oder überhaupt.

Die hier verwendeten Worthülsen aus dem Sprachgebrauch des physikalischen Universum sind einfach viel, viel zu unvollkommen, wesentlich zu schwach, um der Wirklichkeit gerecht zu werden.

Spiel-Ebene 7:
Die Geistigen Wesenheiten

TAO das Geistige tritt im „Auftrag" von TAO dem Göttlichen an, ursprünglich, ganz am undefinierbaren Anfang, das „Große Spiel", das kosmische, zu starten.

Geistige Wesen, die 13 (12 + 1) Konstrukteure, erdenken sich zuerst einfach mal völlig verschiedene Spielmöglichkeiten.

Ab der Erschaffung von Raum entwickeln sie die so genannten Realitäten. Die Gedankenkonstrukte werden nach und nach zum Physikalischen gefügt.

Über Versuch und Irrtum, einen Aufbau und seiner Zerstörung sodann erneuter Aufbau, entstehen verschiedene Prototypen von Universen in den Weiten des Welten-All.

Unser anfänglicher Spielverlauf ist ständiges „Chaos", ständige Erneuerung und Veränderung.

Wie Kinder im Sandkasten, bauen wir auf, machen alles wieder kaputt und errichten die Dinge neu, aus immer anderen Blickwinkeln.

Einige von uns kümmern sich, weil es ihnen besonders liegt, um die fortgesetzte Erschaffung von Raum.

Andere kreieren in diesen noch jungfräulichen Raum hinein Formen und Farben und ... . Zur Schaffung vielgestaltiger, energetischer Grundlagen bilden wir erste Schwingungsqualitäten aus. Damit und daraus wird irgendwann einmal, in dem Lauf von Äonen, gestaltbare Materie.

Aus dieser Basis heraus gestalten wir das „Große Spiel". Wir starten es, als noch immer reine Geistige Wesen.

Aus diesem Zustand heraus sind wir fähig zu allem und jedem, ob gut oder böse – wobei weder „Gut" noch „Böse" hier eine entscheidende Rolle spielen. Noch sind wir einfach nur wir Selbst.

Auch dann, wenn wir aus heutiger Sicht zerstörerisch gewirkt haben sollten, ist dies einfach nur überdeutlich der Ausdruck der Vielfalt unserer gestalterischen Befähigung.

Ebenso wenig wie ein Hurrikan oder ein Vulkan aus bösem Willen heraus aktiv werden, können auch wir auf dieser Ebene nicht mit menschlichen Maßstäben der Neuzeit gemessen werden.

Auch allerlei Gesetzmäßigkeiten für die wechselnden Abläufe werden angedacht, wieder verworfen und neu konzipiert.

Nach anfänglichen, alles entscheidenden „Querelen" stimmen wir letztendlich miteinander mehr und mehr überein. Das Spielfeld, heute Universum genannt, wird immer „handfester".

Die ursprünglichen, machtvollen Geistigen Wesen sind im HIER und JETZT, der unmittelbaren Gegenwart, noch immer aktiv, auch, wenn wir Menschlein davon nichts mitbekommen. Zumal die Zeit im geistigen Umfeld dieser Wesen noch nie eine Rolle gespielt hat.

Als übergeordnete Spielgeister sorgen die Wesen des Ursprungs für den geistig-kosmischen, konstanten Erhalt des „Großen Spielverlaufs".

Auch wir sind hierzu an diesem Erhalt beteiligt, sowohl als Einzelne als auch im Miteinander, als das Geistige TAO, der Göttliche Funke im Menschsein.

Übrigens: Unser Spielfeld ist nur eines von sehr vielen. Es gibt nämlich noch andere Geistige Wesenheiten die ähnliche oder gänzlich andere kosmisch sowie universal zu nennende Spiele gestaltet haben und noch immer gestalten.

Spiel-Ebene 6:
Das physikalische Universum

Dies ist das vielfältige, universale Spielfeld mit: Materie, Energie, Raum und Zeitablauf.

Die ursprüngliche Energetik ist noch rein geistig, erhalten in den Denkstrukturen von Geistigen Wesen. Daraus gestalten die Geistigen TAO-Wesen physikalische Energie sowie die Materie, als Potenzial für weitere Arten von Energie.

Zeit ist keine eigene Dimension, sondern nichts anderes als: Die Bewegung von Materie oder Energie im Raum. Nur der Raum ist in Dimensionen darstellbar, speziell in den drei Dimensionen: Linear, flächig und räumlich.

Unser Universum ist allerdings, wie bereits erwähnt, weder das einzige in den Weiten des All, noch ist es in der heutigen Gestalt das erste seiner Art.

Im Bereich dieser Spielebene üben wir uns im Umgang mit der nachgeordneten Energie, dem Raum, darin der Materie, und „später" auch mit dem Thema Zeit, also bewegter Energie sowie Materie.

Wir geben den von uns geschaffenen Bestandteilen dieses universalen Wirrwarr einen Sinn. Durch uns wird alles zum nutzbringenden Spielmaterial.

Das weitgehend bipolare, dreidimensional gestaltete, physikalische Universum ist aus unserer gemeinsamen Übereinstimmung erwachsen und wächst noch weiter. Durch die Anwendung von Versuch und Irrtum gestalten wir immer noch Galaxien, Sonnen und Planeten und zerstören sie ebenso wieder, um aus dem Zerstörten Neues zu schaffen.

Wir sind im Großen die Erschaffer, die Geistigen Wesen, denen es obliegt das Universum entweder expandieren oder schrumpfen zu lassen.

So ist der so genannte „Urknall" nur einer von mehreren Neuanfängen unserer fortwährenden Gestaltungsprozesse.

Die wesentlich später geschaffenen Lebensformen, in allen ihren mannigfaltigen Erscheinungen, im nun messbar gewordenen Zeitgeschehen, werden von uns erst nur deshalb kreiert, um damit herum zu experimentieren.

In dem von uns allen gemeinsam geschaffenen Universum, mit seinen bipolaren Yin-Yang-Gegensätzen, sind immer zwei Seiten einer Medaille „geschmiedet"; wie beispielsweise die mächtigen Anziehungs- und Haltekräfte im Gegensatz zu den Abstoßungs- und Fliehkräften.

Bei den Gravitationskräften ebenso wie beim Magnetismus sehe ich hierbei die physikalische Entsprechung zu den Qualitäten von der Liebe (als Anziehung) und dem Hass (als Abstoßung). Wobei, speziell wie beim Magnetismus, beide Pole durchaus umkehrbar sind.

Vor langer, langer „Zeit":

Während wir noch sehr fleißig dabei sind, dieses Universum als unsere künftige „Heimat" zu gestalten, werden wir das erste Mal zu Opfern gemacht.

Wir werden mit brutalen Invasoren konfrontiert, die aus einem anderen, einem mittlerweile verbrauchten, technischen Universum zu uns herüber kommen.

Diese fremden Eindringlinge erkennen uns nicht als verwandte Geistige Wesen. Sie betrachten uns vielmehr nur als willkommene Kraftquellen für ihre Technik.

Wir sind den Burschen hilflos ausgeliefert. Wir sind deshalb unterlegen, weil wir ihnen nicht als geschlossene Gruppe entgegen treten. Diese Vorstellung, eines organisierten Zusammenschlusses in Gruppen, ist uns noch fremd.

Wir sind trotz unserer geistigen Verbundenheit bereits viel zu individuell in den Gestaltungsprozessen. Damit ist jeder für sich einzeln greifbar.

Eine lange Zeit (deren Begriffsdefinition und seine Messbarkeit sowie dessen Bedeutung stammt von den Fremden) dienen wir den Invasoren als Mittel zum Zweck. Einmal gefangen und eingesperrt in Kristallbatterien versorgen wir ihre Technik mit Energie (Raumschiffe, Stationen, Roboter und vieles mehr).

Aus dieser heftigen, von intensiver Unterdrückung geprägten Begegnung, gehen einige wenige von uns glücklicherweise gestärkt hervor, während andere Wesen klein und unfähig gemacht bleiben.

Sogar unser Spielgeschehen verändert sich von nun ab entscheidend; es wird (aus heutiger Sicht betrachtet) immer brutaler und von Macht besessen.

Etliche der nun wieder mächtiger gewordenen, neu in Szene gesetzten Aspekte* der alten, ursprünglichen Wesenheiten, versuchen für sich selbst jetzt mehr und immer mehr vom bisher halbwegs gerecht aufgeteilten Kuchen des Universum abzuschneiden.

*Aspekt: Vom Lateinischen aspectus = „Anblick". Auch die Blickrichtung oder die Ansicht, der Gesichtspunkt; ein möglicher Bewusstseinspunkt von dem aus man wahrnehmen kann.

Wir, die erstarkten Geistigen Wesen der neuen Bühne, schaffen uns absichtlich verschiedene solcher Aspekt-Punkte, um das „Große Spiel" weiter ausdehnen zu können.

Jegliche von uns einmal geschaffene Bewusstseinseinheit ist solch ein Aspekt, der als völlig eigenständiges Wesen am Spiel teilnimmt.
Es sind die geistigen Identitäten, „Abspaltungen" von den ursprünglichen Wesenheiten.
Sie sind von uns, den ehemaligen Urwesen, mit Bedacht als völlig eigenständige Geistwesen entwickelt worden, um das Spielgeschehen ins Universum hinaus zu erweitern.

Diese neuen, machtvollen „Götter", bis hin zu ganzen „Götterfamilien", als die sie gerne auftreten, haben immer jeweils ein übergeordnetes Geistiges Wesen, als schöpferisches Ursacheverhältnis.
So schaffen die relativ wenigen Wesen des Ursprungs, gewissermaßen aus sich selbst heraus, andere Wesen geistiger Art.

Von deren Blickwinkel aus können sie die Spielbasis, das Universum, und die darin enthaltenen Spielsituationen völlig neu betrachten.

Aus den ersten und nächsten machtvollen Wesenheiten einer nachgeordneter Art werden wieder und wieder neue Aspektwesen „geboren". Es entstehen und wachsen regelrechte Stammbäume von Wesenheiten.

Die „Familien der Götter", wie wir sie aus den irdischen Mythen kennen, sind allerdings bereits Aspekte der Neuzeit, gleichfalls hervorgebracht von wiederum wesentlich älteren Geistwesen.

Der große Bereich Lebewesen, dem wir als Menschenrasse entsprungen sind, ist ebenso nur eine nachgeordnete Aspektfolge.

Alle von uns hatten und haben in der „Nähe" des Ursprung immer noch ein jeweiliges Geistiges Selbst, ebenfalls TAO, das wir im eigentlichen Sinne sind.

Erste Positionen von mächtigen und weniger mächtigen Geistwesen, damit oft unterlegenen Wesen bilden sich. Sie treten in einen kriegsähnlichen Geschwisterzwist mit ihrem anderen Selbst ein (noch immer ist dies eher spielerisch).

So etwas wie „Kriege" sind hier ganz einfach interessant gemachte Situationen, um Kräfte zu messen und um das Spiel-Material des Universum zu testen.

Auf beiden Seiten müssen einfach nur Machtpositionen geschaffen, aufgebaut und ausgebaut werden, entsprechend der Vorstellungen und Gesetzmäßigkeiten des Spielverlaufs.

Es fehlt jedoch, in diesem scheinbar gegnerischen Miteinander, die im Chaos des Untergangs endende Brutalität, verbunden mit der von Verrücktheit getragenen, tödlichen Ernsthaftigkeit neuzeitlicher Auseinandersetzungen.

Das ganze Spielgeschehen hat im Endeffekt nur eine Ähnlichkeit mit Spielen wie Schach oder anderen Strategiespielen.

Die Wesenheiten des Ursprungs, die 12 + 1 (13) Konstrukteure erschaffen sich meist lediglich zwischen 7 oder 12 Nachfolger.
Diese ihre neueren Wesensaspekte, sind ebenfalls noch ungeheuer machtvoll. Sie erzeugen ebenfalls weitere Aspekte. Bald gibt es eine schier unbegrenzte Ausweitung.

Nachfolgewesen mit wesentlich ernsthafteren Machtgelüsten, erschaffen sich in späteren Zeiten ganze Armeen von unterschiedlich starken Geistwesen sowie später Lebewesen der verschiedensten Arten und Befähigungen.
Das Universum, mit all seinen Spielbestandteilen, wird in dem Kampf der Kräfte genutzt, ohne Rücksicht auf Verluste.

Der Raum wird schon bald in Territorien aufgeteilt. Elektrische Energien stehen den Wesenheiten als Machtmittel zur Verfügung. Materie genießt den Zweck von Besitztum. Nur sehr unbestimmte Zeitspannen grenzen die jeweiligen Spielverläufe ab. Die Zeitmessung hat nämlich noch immer keine besonders große Bedeutung.

Spiel-Ebene 5:
Die Lebewesen

Die Erschaffung von Leben „verdanken" (?) wir dem 13ten Konstrukteur, der sich bis dahin noch zurückgehalten hat. Die Bindung an Leben hat nämlich die Geistigen Wesen leider letztlich abstürzen lassen.

Seine mehr oder weniger vom Göttlichen vorgegebene Rolle ist erst einmal die eines Beobachters. Die von diesem (oder weiblich dieser!) oder schließlich von uns geschaffenen Aspekte, die des Lebendigen, sind uns, den Geistigen Wesen, selbst sehr ähnlich.

Auf dieser Spielebene setzen wir eine Vielzahl von Lebendigem in der Form von Lebewesen in Bewegung. Dies reicht von Einzellern bis zu den Zellstaaten der verschiedensten Arten.

Durch die ach so ausgeprägte Lebendigkeit dieser neuen Wesensform entsteht Emotion, echtes Gefühl und starkes Empfinden.

Heftige Schmerzen und schmerzhafte Verluste sind für die Geistwesen erst ab dieser Ebene erfahrbar. Lebewesen empfinden allerdings sowohl Schmerz, Angst und Verlust als auch Vergnügen und Begeisterung sehr viel intensiver als wir, die wir auch jetzt noch abgehobene Geistige Wesen sind.

Besonders die, aus der Sicht des Geistigen sowie aus heutiger Sicht, niederen Emotionen, von Gram über Angst bis Wut, sind uns bis hierher völlig fremd.

Solche intensiven Emotionen verführen Geistige Wesen dazu, sich immer stärker mit dem Leben, den Lebewesen zu verbinden.

Was erst als Spaß begann, wird schließlich zu bitterem Ernst.

Wir sind regelrecht scharf darauf, fast schon zunehmend süchtig danach, diese absolut neuartigen, ganz anderen Erlebnisqualitäten auszukosten.

Von dieser Basis „Lebewesen" ab begeben wir uns selbst immer öfter noch tiefer in den Kreislauf des Werdens und Vergehens hinein.

Ab der Ebene der Lebewesen bekommt nämlich das „Überleben" Vorrang. Leben über Leben befasst sich mit der Nahrungskette, die bedeutet: Fressen und/oder gefressen werden!?!

Vielerlei tieftonig ernsthafte, hierarchisch wirkende Strukturen bilden sich ab da verstärkt heraus, mit dieser Schaffung von Leben.

Das große universale Spiel der Geistigen Wesenheiten reduziert sich von hier aus immer mehr auf: „Das Spiel des Lebens".

Wir sind in dieser Spielsituation allerdings auch zunehmend „verwundbarer", in Übereinstimmung mit allen Biokörpern, egal welcher Art von lebendigen Wesen (Einzeller, Pflanzen, Insekten, Echsen oder ...).

Auch das Verlieren von Leben ist jetzt immer verlustreicher und wird damit schmerzhafter.

Anfangs ist das Sterben einer übernommenen Lebensform einfach noch ein reizvolles, stark empfundenes Spielelement. Wir gehen selbst mit den schon menschlich geformten Körpern noch recht unbekümmert um.

Diese überaus zerbrechlichen Dinger sind aber auch sehr anfällig, wenn sie zum Beispiel von Bäumen oder Klippen fallen oder durch andere Tiere umkommen. Gegen allerlei Krankheitserscheinung sind Lebensformen auch nicht gerade gut gerüstet.

Na ja, im Falle des jeweiligen Todes nehmen wir uns eben ein neues Vehikel, ein neues Werk- oder Spielzeug.

Wir vergessen dabei gerne: Auch das Lebendige ist über die eigene, geistige Komponente existent. Damit hat das Leben, auch ohne unser Dazutun, eine eigenständige, hochwertige Existenzberechtigung.

Die Sichtweise, wie wir mit Körpereinheiten herumspielen, macht uns bei der Gattung „Lebewesen" nicht gerade beliebt. Deshalb stehen wir im Ansehen bei unseren derzeitigen Körpern auch nicht besonders hoch im Kurs.

Durch so manche Praktik werfen sie uns gerne auch einmal hinaus. Bei tiefer Bewusstlosigkeit oder mittels Drogen oder Trance befreien sie sich von unserem Einfluss.

Nochmals: Wir dürfen niemals vergessen, dass das Leben ebenso TAO ist wie wir Selbst, die Seele.

Es ist ein Folgeaspekt seines Konstrukteurs, des 13ten. Auch das Leben kann ohne TAO nicht sein. Auch das Leben steht immer mit dem Geistigen TAO und mit dem Göttlichen TAO in Verbindung.

Allein schon aus diesem Grunde sollten wir niemals geringschätzig mit den für uns bestimmten oder von uns gewählten Körpereinheiten umgehen.

Spiel-Ebene 4:
Die Menschheit

Die Menschen vom Planeten Erde sind hier Bestandteile der vorherrschenden Spezies, der menschlichen Rasse, Menschheit genannt.

Wie ich über Spirituelle Rückführungen erfahren durfte, gibt es allerdings auch außerhalb dieses Planeten Menschwesen.

Die Menschheit der Erde ist im Grunde darauf bedacht, ihre Rasse zu erhalten. So wird festgestellt, dass sich sogar nach besonders heftigen Kriegsereignissen die Bevölkerung der beteiligten Länder bald wieder regeneriert.

Manchmal erhebt sich sogar eine verbesserte Zivilisation als jemals zuvor aus den Trümmern, wie der Vogel Phoenix aus der Asche.

Der Begriff „Menschlichkeit" kann sowohl als „humanitär" betrachtet werden, als auch „idiotisch" bedeuten, in der Art von verrückt machend.
Denn kein anderes Lebewesen auf Erden erzeugt so viele Probleme, Schuld und Leid wie die Menschheit. Ohne den Menschen gäbe es hier keine einzige der unnatürlichen Problemstellungen.

Auf der Spielebene der Menschheit übernehmen wir TAO-Seelen gezielt und immer wieder, die für uns besonders gut brauchbaren Fleischkörper.
Diese spezielle Lebensform hat eine den Geistigen Wesenheiten sehr ähnliche Körper-Matrix; sie ist in der gesamten Weite des Universum verbreitet.

Die Körperform von Menschen entspricht der fiktiven Vorstellung von uns sonst körperlosen Geistwesen, wenn wir uns Aufgaben zuwenden sowie uns Funktion zurechnen. Sie eignet sich hervorragend als überlebensfreundliche und nützliche Form des Lebens.
Als ein Mensch lassen sich verschiedenartige Spielsituationen so richtig intensiv erleben, voll ausleben und durchleben.
Diese Menschen (sowie die Menschenähnlichen) sind überaus entwicklungs- und anpassungsfähig, mit ihren Kohlenstoffkörpern, den bioelektrischen Einheiten: Den Gehirnteilen zusammen mit dem Nervenstrang in der Wirbelsäule sowie mit dem Nervensystem, das durch den gesamten Körper hindurchführt.
Nicht vergessen sein sollen ihre tollen Gliedmaßen, die Beine und Arme mit den funktionellen Füßen und Händen.

Kaum einer anderen Einheit des Lebens nehmen wir uns so intensiv an. Wir geben der Menschenrasse außerdem eine gut ausgeprägte, individuelle sowie kollektive Fähigkeit zum Denken mit.

Diese Denkweise, per unterschiedlichen Gehirnteilen sowie vom Herz her oder aus dem Bauch heraus und darüber hinaus mit dem energetischen Konstrukt, dem Verstand, ist besonders eng angebunden an jenes strukturierte, intensiv arterhaltende Sozialverhalten.

Das menschliche Denken mittels des Verstandes, ist als ein ähnlich gestalteter Ableger, unserer eigenen, geistigen Denkart nachempfunden.

Leider ist dieser Verstand heutzutage häufig verseucht, mit schwerwiegenden Dramatisationen und mit Einpflanzungen die wie Viren wirken.

Die Menschheit ist jedoch tatsächlich nur eine von vielen Rassen im All. Darüber hinaus gibt es noch jede Menge andere Lebenseinheiten. Sie sind amöbenhaft, pflanzlich, insektoid, reptiloid, ... und sogar mineralisch.

Diesen Formen des Lebens können wir Geistige Wesen uns gleichfalls beiordnen.
Wir können selbstverständlich auch sehr lange Zeitspannen ohne jeden Körper auskommen oder uns um Tiere kümmern.
Allein, die menschliche Lebensform zieht uns immer wieder verstärkt an, schon fast wie magisch.

Auch, wenn wir jetzt unsere Körper verlassen (so genannt sterben!?) fügen wir uns über kurz oder lang wieder in die Rasse der Menschen ein.

Übrigens: Das bereits vorhandene Primatenmaterial des Planeten Erde wurde vor langer Zeit genutzt, um daraus speziell die irdischen, menschlichen Körper zu gestalten.

Das heißt allerdings nicht, dass Menschen mit den Affen verwandt sind. Deren Bewusstseinszustand ist noch immer der von Tieren.

Dennoch sollten alle Menschen den lieben Tierchen selbstverständlich dankbar sein, für ihr freundliches Entgegenkommen.

Spiel-Ebene 3:

Die Gruppen

Gruppenbildungen, über die Familienstrukturen hinaus, erstrecken sich bis weit in das soziale Gefüge von Menschen hinein.

Diese Gruppenbildung begünstigt das Konkurrenzdenken. Gruppen haben häufig die Tendenz auch in Konkurrenz zu Familienverbänden zu treten, wie wir es bei den Staatswesen ebenso feststellen können.

Das ist der Grund, weswegen die moderne Arbeitswelt dem Familienleben nicht mehr zuträglich ist. Familien werden regelrecht zerrissen, weil das Verdienen von Geld den Fokus einnimmt.

Vorgeblich geht es darum, den Lebensunterhalt zu verdienen und sich einen Lebensstandard leisten zu können. In Wahrheit fordern einfach die beteiligten Gruppen die Aufmerksamkeit, die Lebensenergie, der jeweiligen Mitglieder von Familien.

Auch Egos, Individuen, werden von Gruppierungen regelrecht aufgefressen.

Ihre Energieanteile, hier ebenfalls in der Art und Weise von Aufmerksamkeit, wird von den Gruppen vereinnahmt.

Gruppen können sich demnach auch sehr belastend auswirken: Indem sie jede Menge Aufmerksamkeit auf sich ziehen. Je mehr wir uns von den vielen anderen abhängig machen oder wir uns in der Gemeinschaft mit ihnen verwirklichen wollen, umso mehr Energie fehlt letztlich für unser eigenständiges, selbstständiges Erleben.

Gruppenaktivitäten helfen uns beim Erleben und unseren Lebenseinheiten zwar enorm beim Überleben, doch andererseits saugen sie mit ziemlicher Macht an der Lebenskraft. Insbesondere den fast ausschließlich menschlichen Lebewesen, zu denen sich ebenso sehr viele von uns reduziert fühlen, setzen wir damit einem ziemlichen Stress aus.
Auch als Geistige TAO-Wesen werden wir durch Gruppierungen intensiv in dieser unteren Spielebene eingebunden.
So können wir, Eigen- und Selbstständigkeit gewohnte Geistwesen, uns durch die Gruppenaktivitäten tatsächlich geradezu angekettet vorkommen.

Aus dieser Betrachtungsweise entsteht eine mehr oder weniger schwerwiegende Gegnerschaft, beispielsweise bei Vereinen oder bei Firmen, bis hin zu Staaten und Staatengemeinschaften.

Die Größenordnungen von Gruppen erstrecken sich nämlich von den kleineren Verbindungen, wie Unternehmen, Firmen oder Vereinen, über die noch größeren Zusammenschlüsse, wie Wirtschaftsverbände sowie Religionsgemeinschaften, bis hin zu Staaten und Vereinigungen von Staaten.

Diese interessante Spielebene, mit den vielen verschiedenen Gruppen, verleiht uns die Fähigkeit zur Entscheidung, zur Möglichkeit sowohl Mitspieler als auch Gegner in agierenden Gruppierungen zu sein oder sowohl die Mitspieler als auch die Gegner haben zu können.

Selbst als eher passiv beigeordnete Zuschauer oder als Fans nehmen wir immer Partei für jeweils eine Seite der aktiveren Mitglieder in den Gruppen.

Die Idee eines Gruppendaseins übernehmen wir anscheinend von den technisch geprägten Invasoren. Eine solche eher krasse Denkweise entwickelt sich bei uns allmählich, erst nach und nach.

Ihr Anfang ist so ziemlich unmittelbar nach dem Eindringen der Fremden zu finden. Später im Lauf der Zeit, auf Spiel-Ebene 6, im Zusammenhang mit und während der Gestaltung des weiter ausdehnbaren, universalen Spielfeldes, kommt die Vorstellung auf, sich selbst zu „spalten" und die genannten Aspekte zu kreieren. Damit wachsen ständig sich entwickelnde Gruppen heran, wie von selbst. Es dauert allerdings noch ziemlich lange, bis die energetisch sowie materiell getragene Betrachtungsweise so weit durchdringt, dass organisierte Gruppen als stärker angesehen werden als Individuen.

Im Zuge dieser Betrachtungsweise verliert das vereinzelte Geistwesen immer mehr die Macht.

„Gemeinsam sind wir stark!", heißt jetzt der Wahlspruch. Nur noch viele Wesen miteinander, in einer mehr oder weniger gut organisierten Vereinigung, gelten jetzt als stark. Durch den koordinierten Einsatz von Gemeinschaften und Gruppen, gebildet aus Lebewesen, werden sogar außerordentlich mächtige Einzelwesen des Geistigen, so genannte Götter, gestürzt und gefangen genommen.

Deshalb bedienen wir, die Geistigen Wesen, uns im Gegenzug auch zunehmend der Gruppierungen, speziell derer von menschlichen Lebewesen, nur um unsere Existenz überhaupt noch sichern zu können.

Die Mitstreiter treten dann mit mehr oder weniger hoher Begeisterung in den Gruppenbildungen unterschiedlicher Größenordnungen, in einem Wettstreit oder Kampf gegeneinander an. Entweder um ihre jeweiligen eigenen Interessen zu wahren oder sie zu verteidigen oder, um ihren Göttern oder Führern gerecht zu werden. Wobei diese Führer oft selbst nur Marionetten von Geistwesen sind.

Die bipolaren Begriffe von Gut und/oder Böse werden speziell aus den Gruppen heraus wichtig. Diese Attribute spielen ab hier besonders tragende Rollen.

Die Mitglieder von den verschieden gearteten Gruppierungen finden sich in ihren Rollen von "Gut" beziehungsweise „Schlecht" bis "Böse" zusammen.
Als „Gut" wird dann zumeist die eigene Gruppierung wahrgenommen, während die anderen Gruppen dann zwangsläufig „Böse" oder zumindest weniger „Gut" sein müssen.

Spiel-Ebene 2:

Die Familien

Die kleinsten Einheiten im Thema der Familien sind Paargemeinschaften, Ehen und dergleichen, die auf Zuwachs (Kinder) angelegt sind.
Als größere Familieneinheiten gelten darüber hinaus Clans, Sippen und ähnliche, kulturell unterschiedlich benannte Lebensgemeinschaften.

Als die Familien gelten außerdem die, je nach Kulturgeschichte unterschiedlich benannten, Gemeinschaften mit allen ihren Ahnen und den verwandtschaftlich ausgerichteten Beziehungen.
Deren verwandtschaftliche Beziehungen sind durch Generationen-Stammbäume dokumentierbar.

Familienstrukturen dienen dem Schutz und der Unterstützung vor allem ihrer Mitglieder. Deren vorrangiges Spielbestreben ist demzufolge die:

A) Schutzfunktion innerhalb der Gemeinschaft und nach außen

B) Sicherung des Überlebens der Einzelwesen sowie der gesamten Gruppe

C) Expansion und Ausdehnung (räumlich und zahlenmäßig)

D) Fortpflanzung, insbesondere durch zweckgebundene Verbindungen der Geschlechter

E) Erhaltung der Gruppierung und darüber hinaus der gesamten Art (in unserem Falle der menschlichen Art).

Im Schutze ihrer Familien entwickeln sich die Menschen, von der Geburt bis zum Tod. Zumindest war es in früherer Zeit so.

Familienbande, als soziale Bindungen in diesem Spielrahmen, können Individuen den Rücken stärken.
Verbindungen in Familien und dergleichen können allerdings auch die Energie rauben. Besonders den Freidenkern werden oft viel zu enge Fesseln anlegen.

Dies richtet sich einerseits nach den erzieherischen Vorgaben die innerhalb von Familienverbänden herrschen und andererseits nach den von außerhalb an die Familien herangetragen Einflüsse und Erwartungen.

Leute die von sich selbst behaupten „Familienmenschen" zu sein, sich selbst auf die Erlebniswelt im Bereich dieser Ebene besonders intensiv konzentrieren oder zentrieren, haben vermutlich, speziell in diesem karmischen Netzwerk, einiges wieder gut zu machen.

Sie haben sich gewissermaßen „mit Haut und Haar" ihrem starken Familiensinn verschrieben.

Unter all diesen Gesichtspunkten wird der „Liebe" (körperlich in Form von Sex und sozial in der Art und Weise der Zusammengehörigkeit) eine ganz besondere Wichtigkeit beigemessen.

Zudem finden sich in solchen familiären Gemeinschaften häufig die Wesenheiten zusammen, die sich auch schon zu früheren Zeiten, in früheren Leben, begegnet sind.

Hier wirken die starken Bindekräfte Liebe (Anziehung) und Hass (Abstoßung) als Wiedererkennungswerte.

Dies kann dann im karmischen Miteinander sowohl zu neuerlichen, liebevollen Verbindungen führen, als auch zu problemgeladenen, emotionalen Spannungen, bis hin zu Mord und Totschlag.

Aus dem Miteinander vieler solcher Familien bilden sich größere Gemeinschaften heran. Dies reicht von Dorfgemeinschaften bis hin zu Gebilden die uns als Staat das Leben leichter gestalten sollen, es viel zu oft aber schwerer machen.

Seitdem Staats(un-)wesen vorgeben, sich intensiv um ihre Bürger zu kümmern, verkommt die familiäre Struktur immer mehr.

Die Menschen werden zu Singles degradiert, somit auf ihr Ego-Sein reduziert.

Dennoch ist ein Mensch mit einem starken, gesunden Ego immer noch in der Lage, sowohl mit der Familie, aus der er heraus stammt, vernünftig umzugehen, als auch selbst eine eigene Familie zu gründen.

Spiel-Ebene 1:

Das Ego

Als menschliches Wesen sind wir sehr stark von unserem Ego bestimmt. Unser angebliches und daher nur so genanntes „bewusstes Sein" hängt intensiv vom jeweiligen Ich-Bewusstsein ab.

Als das, in diesem niederen Zustand nur dargestellte, nicht wirklich präsente „Ich bin", glauben viele tatsächlich, ausschließlich ein Mensch zu sein.

Ein wahrhaft starkes Ego vermag allerdings dennoch, zum Glück, jederzeit auch Präsenz auf anderen Ebenen einzunehmen. So nimmt das Ego des Menschen in der Transzendenz die Position von TAO ein – es wird zu und ist dann TAO.

Dadurch gelingt manchmal tatsächlich der Aufstieg, hin zu den höheren Ebenen und Verantwortungsleveln.

Lediglich Wesenheiten, die besonders oft zu Egoismus neigen oder sogar in noch tiefere Egozentrik versinken, bleiben auf dieser Ebene stecken.

Ihr Verhältnis zu weiteren Ebenen ist manchmal mehr oder auch etwas weniger gestört.

Krankhafte Ich-Sucht wird als Egomanie bezeichnet. Für das Ego, den Einzelnen bis hin zum Vereinzelten, schwinden die Spielmöglichkeiten enorm.

Es kann davon ausgegangen werden, dass das Spielgeschehen eines sehr stark individualisierten Ego mit TAO, dem ursprünglich geistigen Selbst, nur insofern etwas zu tun hat, als dessen zeitweiliger Einfluss als „schicksalhaft" empfunden wird. Dabei ist nicht immer klar, ob TAO, als das Höhere Selbst, tatsächlich das vorgeblich Fremde im Spiel ist.

Die Egospiele lassen sich nämlich sehr leicht von außen steuern. Die fremden Lenker können unterschiedlicher Natur sein und verschiedene Absichten hegen.

Manche von den möglichen „Anderen" reduzieren das Leben von Ego-Singel-Typen regelrecht mit Absicht auf verschiedene Formen der "Selbstbefriedigung".

Zum Beispiel mit den das Leben fressenden Süchten verschiedener Arten oder mit angeblich unabdingbaren Notwendigkeiten zum Überleben.

Notwendigkeit definiert sich im Leben dieser Typen ausschließlich als eine in den <u>Not</u>situationen erforderliche, von Reizen getriebene, reaktive <u>Wendig</u>keit.

So lässt ein, zum Beispiel vom Gruppenspieler Staat, erzeugter Mangelzustand, Egos reflexartig agieren, ohne dass diese, aus der Vernunft heraus, großartig darüber nachdenken können.

Diese Spiele eines, auf ein kleines Ego reduzierten Menschen verlieren sich in angeblich für das Überleben so notwendigen Spielsituationen wie:

Arbeiten und einen Beruf haben, allerlei Freizeitaktivitäten, möglichst erlebnisreiche Reisen, anstrengende Sportarten, „himmlische" Sexpraktiken und dergleichen - einfach „Brot und Spiele".

Dies kann zwar sehr vergnüglich erscheinen, birgt aber die Gefahr in sich, wenig zielgerichtet und schließlich ohne höheren Lebenssinn zu bleiben.

Das Leben ist auf dieser Ebene anstrengend und wiegt besonders dann schwer, wenn die ablenkenden Vergnügungen ausbleiben.

Bloße Ego-Menschen brennen sehr schnell aus. Sie können als weitgehend auf ihre Körper reduzierte Persönlichkeitstypen angesehen werden.

Solche Burnout-Erscheinungen sind heutzutage schon an der Tagesordnung. Mittlerweile sind sie als Krankheit anerkannt und damit gesellschaftsfähig.

Wir können sogar noch weitergehende Abstürze von Ego-Wesen erkennen. Der Rutsch führt in die Tiefe, er vollzieht sich jedoch eher schleichend. Dort warten Egoismus und Egozentrik auf ihre Opfer.

Die Leute nehmen die Verarmung ihrer bislang tollen Spielbasis oftmals kaum mehr als Abwärtsbewegungen wahr. Im Strudel der Emotionen verlieren sie ihr feinsinnigeres Gefühl dafür.

In den Zuständen von Egoismus bis Egozentrik spielen Drogenkicks und billige Fun-Erlebnisse eine immer größere Rolle. Liebe degeneriert besonderes hier zu pervers anmutenden Sexspielen.

Das Erleben von Liebe ist im Schlepptau mit allerlei niederen Emotionen gepaart.

Abwärts gerichtete Gefühle: Wut, Schmerz, Verlustangst (Eifersucht), Trauer, bis zum gramerfüllten Tod, lassen dem Ego kaum einen Spielraum für einen Aus- oder Aufstieg.

Allerdings:

Speziell vom Ego aus, einem noch starken Ego, bleibt die hohe Chance offen, Selbstbewusstsein, Selbsterkenntnis, Selbstverwirklichung und Selbstständigkeit mit einer geradezu übermenschlichen Schwungkraft erneut zu schaffen.

Das Höhere Selbst der hohen Spielebene 7, Geistes TAO, wartet nur darauf den Bogen wieder schließen zu können, um völlige Beseelung in das Spielgeschehen einfließen zu lassen.

Denn nur in unserer Gesamtheit, unter Einbeziehung aller acht Ebenen, sind wir wahrhaft heil(ig).

Auf den immer höheren Ebenen, die wir mit Eifer, Furor und Mut erklimmen können, spielen wir die Spiele mit mehr und immer mehr Leichtigkeit, aufgrund zunehmender Fähigkeiten.

Pure Freude und die Begeisterung am Spiel sind ausschlaggebend für Wohlbefinden, Wohlstand und Zufriedenheit.

Auf den immer tiefer liegenden Spiel-Ebenen, von Ebene 8 abwärts, kommt zunehmend die übertriebene und damit überschwere Ernsthaftigkeit ins Spiel. Je ernster ein Spielgeschehen wird, desto weniger leicht ist es. Schwierige Spiele, die Schwere bei Spielen, bereiten mehr und mehr Anstrengung.

Wir verlieren in solchen Spielen die Energie und damit die Lust. Die verloren gegangene, mittlerweile fehlende Energie lässt uns trotz oder gerade wegen aller Anstrengung abermals und immer wieder abwärts stürzen.

Ganz zu schweigen von jenen Leuten, die bestrebt sind, uns aus Dummheit oder mit Berechnung, voller Neid und Missgunst, laufend abwärts zu ziehen.

So sind wir an tiefe Spielebenen gebunden, solange uns die nötige Energie zum Absprung oder Aufschwung, hin zu den höheren Ebenen, fehlt.

Übrigens: Konservatismus, eigentlich eine Emotion höherer Art, ist dennoch eine wirklich ernste Angelegenheit.
Diese recht hohe Stufe der Emotionen ist bereits abwärts gerichtet.
Konservatismus ist schon der erste Schritt in die Richtung, den Spielgeist zu verlieren.

Der Sinn des Lebens:

Wenn wir das „Große Spiel" immer mit der Absicht spielen, möglichst **wertvolle Produkte für uns selbst und für andere zu schaffen**, gelangen wir an den tieferen Sinn unseres Daseins, den „Sinn des Lebens", gewissermaßen unseren ursprünglich erteilten Auftrag.

Das Schaffen wertvoller Produkte ist weitaus mehr als die kleinliche Sicherung des Überlebens.
Dadurch entsteht die Verwirklichung des Selbst, auf möglichst vielen Ebenen.

Dabei spielt es keine überragende Rolle, immer nur gegen andere gewinnen zu wollen.
Denn das Wollen beim Spielgedanken programmiert im Voraus schon einen möglichen Verlust, bis hin zu den klein machenden Verlustängsten.

Doch, wer gar nicht am Gewinn teilhaben will, wer nie einer von den Gewinnern sein will, betrügt sich selbst. Dieses Menschwesen gibt sich verloren, weil es sich unterschwellig als "den geborenen Verlierer" prägt.

Die Balance zwischen den Extremen lässt uns die Freude finden, die wir haben dürfen.

Denn das ursprüngliche Motto war einfach:

Spiele Dein Spiel!

Ohne Wenn und Aber wurde spielerisch das Spielfeld des Universum erschaffen. Es gab einfach keine niederschmetternden Verluste, nur immer einen Neubeginn mit einer neuen Chance.

Auch heute sollten wir uns diesen übergeordneten Spielgedanken wieder zu eigen machen:

Spielen, um des Spielens willen.

Den Ausgleich erlittener Schmerzen und Verluste, nach einem Absturz oder auch nach mehreren, lindert lediglich das erneute Aufstehen und das Weitermachen. Nur die Leichtigkeit in der Betrachtungsweise für einen fortwährenden Neustart eröffnet die Welt der 1000 Möglichkeiten.

„Ein neues Spiel, ein neues Glück!" oder „The show must go on!" (Die Show oder die Aufführung muss einfach weitergehen!) - diese Worte bekräftigen den neuerlichen Antrieb.

Durch einmal oder auch mehrmals verlorene Spiele darf sich eine Person in ihrer Aufmerksamkeit niemals so binden lassen, dass sie in Zukunft, aus Angst vor einem weiteren, drohenden Verlust, den Kopf in den Sand steckt.

Nur wer keck und unbeschwert weiterspielt, kann letztlich auch lernen mit den Gewinnen umzugehen.

Die Keckheit hilft uns zudem über alle, wirklich alle Arten von Spielverlusten hinweg zu kommen.

Ständig verinnerlichen wir damit bei uns selbst, als Mensch, den locker leichten Humor, notfalls auch den schwarzen Humor oder den Galgenhumor.

Pure Keckheit
lässt uns auf den Ebenen des „Großen Spieles" aufsteigen.

Sobald eine Person ihren Spielgeist verliert, hat sie verloren!

Wer wissen und möglicherweise selbst erfahren will, was es mit den legendären, „aufgestiegenen" Meistern auf sich hat, sollte das „Große Spiel" des Kosmos, im Universum sowie im Leben, mit all seinen Bedingungen erfassen lernen und sich sehr intensiv mit den Spielebenen auseinandersetzen.

Die sich gegenseitig durchdringenden, miteinander verwobenen Ebenen bilden die Spielbasen.

Die fortwährend wirksamen, dynamischen Kräftebeziehungen, von jeder dieser Spielebenen aus, bestimmen nicht nur unser eigenes Leben sondern unser aller (Er-)Leben in ständiger Wechselwirkung.

Die Worte und Betrachtungsweisen einiger grosser Geister können uns den Weg weisen, wie wir mit dem Leben und dem Gedankengut in Bezug auf das Spielen umgehen sollten:

**„Das Spiel ist der Weg der Kinder
zur Erkenntnis der Welt,
in der sie leben!"**

Maxim Gorki

**„Wer in der Schule nicht spielen lernt,
lernt nicht lernen."**

Wolfgang Menzel, Literaturhistoriker

**„Der Mensch spielt nur,
wo er in voller Bedeutung des Wortes
Mensch ist,
und er ist nur da ganz Mensch, wo er
spielt."**

Friedrich Schiller

Schlussgedanken

Das Bewusstssein ist bewusstes Sein mit allen Sinnen, den körperlichen sowie den geistigen und den seelischen, inklusive all den jeweiligen Betrachtungen dazu.

Zum Bewusstsein gehören die Gedankengänge aller Arten und Formen, wie die Überlegungen, Beurteilungen, Einschätzungen, Berechnungen, gleichfalls die Bewertungen sowie Planungen.
Auch die Bildung von Konzepten einschließlich der dazu nötigen Achtsamkeit und der energetisch definierten Aufmerksamkeit sind bewusstes Sein.

Das Bewusste von TAO, der Seele, ist letztlich entscheidend für das BewusstSein im Hier und Jetzt. Zusammen mit dem Körperlichen und dem Geistigen (dem Verstand) bildet das Seelische (TAO) die ursächliche Einheit im Universum.
Das Bewusstsein zum Selbst, dem übergeordneten „Ich bin", ist unveränderbar, bleibt immer konstant. Mit unserem „Ich bin" brechen wir in Sphären von bewusstem Sein auf, die wir nur hier angehen können.

Die TAO-Seele ist in ständiger Verbindung mit allen anderen Einheiten ähnlicher Art, mit dem morphischen Feld und darüber hinaus mit dem Göttlichen TAO. Somit ist das BewusstSein von TAO überhaupt nicht vergleichbar mit dem der „niederen" Zustände.

Dennoch wirkt dieses Sein auf unser Leben im physikalischen Universum ein.
Nur so empfinden wir uns Hier und Jetzt als vollständig bewusst.

Über den Autor:

Günter Karl Skwara, *19.07.1952

Während seiner vielfältigen beruflichen Tätigkeiten erlangte er Einblicke hinter die Kulissen von Betriebs- und Volkswirtschaft.
Ihm offenbarten sich zudem die sozialen Zusammenhänge, mit all ihren Ungerechtigkeiten und Abgründen.

Bei seinem Aufenthalt in Frankreich (1991 bis 1992) eignete er sich verschiedenes Wissen und Fähigkeiten an. Diese konnte er dann auch in Deutschland nutzen.
Er wurde Heiler von Morhange genannt und anerkannt als "Meister des Wandels" (master of change).

Seine Absicht besteht seitdem darin, Menschen aus dramatisch verfestigten Problemstellungen heraus zu helfen (physischer, psychischer sowie sozialer Art).
Als guter Zuhörer entlastet er, mittels Spiritueller Rückführungen, die schwierigen Situationen seiner Rat- und Hilfesuchenden.
Mit leichter Hand führt er sie zu eigenständig gefundenen Lösungswegen.

Er ist Begleiter auf dem Pfad zu Wohlbefinden, Zufriedenheit und GlücklichSein.

Günter Skwara

**Spiritueller
Rückführer**

Meditationsbegleiter

**Berater für Mentale
Kommunikation**

> Spirituelle Rückführung
> Finden von Ursachen, Aufarbeiten und Bereinigen alter
Ereignisse, Rehabilitation und Mobilisierung von
Kreativität, (Los)Lösen belastender karmischer
Verstrickungen und mehr. Transformation vom
Menschsein zu TAO, dem Geistigen Wesen.

> Mentale Kommunikation
> Die Magie effektiver, mentaler Kommunikation ist der
Königsweg, zur Lösung aller, von Menschen inszenierter,
Probleme. Bestandteile des Magischen Quadrates für
Verstehen dienen als Leitgedanken.

> Ganzheitlicher Energiefeldausgleich
> Aus dem Gleichgewicht geratene Lebensenergie wird
wieder stabilisiert und harmonisiert > für mehr
Ausgeglichenheit, Stabilität und Balance im Dasein.

> Spiegelmeditation
> Selbsthilfeprogramm: Erschließt Euch den Weg zum Selbst
(zu Selbsterkenntnis, Selbstbestimmung, Selbstständigkeit).
Taucht ein und rehabilitiert uralte Fähigkeiten!

Kontakt:
rueckfuehrer@googlemail.com

www.rueckfuehrer.de
www.studio-chi.de

112